Die Schiffahrt auf den Seen des Salzkammerguts

Traunsee mit „Schlafender Griechin", 1920. Station Traunkirchen, Dampfer ELISABETH

Rechts: Galionsfigur des Dampfers SOPHIE, die sich heute im Technischen Museum in Wien befindet

Ursprünglich verstand man unter dem geographischen Begriff Salzkammergut das Gebiet am Oberlauf der Traun, das südliche Oberösterreich sowie geringe Teile der Steiermark und Salzburgs. Erst seit der Neuzeit wird auch das Gebiet um den Atter-, Mond- und Wolfgangsee als Salzkammergut mitbezeichnet. Die Haupteinnahmen dieser Region bestanden aus dem Salzabbau und Salztransport. Da diese Erträge in die sogenannte „Kammer" des Landesherrn abgeführt werden mußten und dieser Grundbesitz außerdem „Kammergut" hieß, entstand für dieses geschlossene Gebiet der Name Salzkammergut.

Bis zum Beginn des 19. Jahrhunderts standen als Antrieb der Wasserfahrzeuge auf den österreichischen Alpenseen nur Ruder und Segel sowie der Menschen- oder Pferdezug zur Verfügung. Erst die Erfindung der Dampfmaschine und ihre praktische Anwendung für die Schiffahrt brachte eine gewaltige Umwälzung mit sich.

Seit dem Beginn des 20. Jahrhunderts und verstärkt in der Zwischenkriegszeit wurden die Dampfschiffe auf Motorschiffe umgerüstet, oder überhaupt erst solche in Auftrag gegeben. Gegenwärtig findet man neben den Motorschiffen auch Elektroboote.

Das Floß zählte, abgesehen vom Einbaum, zu den ältesten Wasserfahrzeugen der Welt und ist bis in unsere Tage das einfachste und billigste Transportmittel; einen wesentlichen Teil dieser Floßbeladungen bildete in dieser Gegend das Salz.

Sehr früh entwickelte sich die Ruderschiffahrt (Zillen) auf der Traun und dem Traunsee, denn schon im Jahre 1343 bestand in Gmunden eine Schifferinnung. Auch wurden diese dort gebauten und für den Salztransport verwendeten Schiffe als „Trauner" bezeichnet.

Nicht dem steigenden Personenverkehr, sondern dem Abtransport des Salzes von der Saline Ebensee sowie der Kohlenversorgung ist es zu verdanken, daß das erste Dampfboot im Jahre 1839 den Traunsee befuhr.

Es war das erste Dampfschiff überhaupt, das mit österreichischer Lizenz auf einem österreichischen See in Dienst gestellt wurde.

TRAUN- ODER GMUNDNERSEE
Seefiaker und Gondeln

Seepaß: 422 m Seehöhe, 24,5 km² Wasserfläche,
12 km lang, 3 km breit und größte Tiefe 191 m.

Der Traunsee wird von der Traun durchflossen, die bei Ebensee einmündet und bei Gmunden wieder abfließt. Die Traun war einst die bedeutendste Wasserstraße für den Salztransport. Vom Mittelalter bis ins 19. Jahrhundert wurde das Salz aus den Salinen Hallstatt, Ischl und Ebensee über die Traun und den Traunsee nach Gmunden gerudert, das sich zu einem bedeutenden Salzhandels- und Stapelplatz entwickelte. In seinem südlichen Teil ist der See von hohen Bergen umgeben, von denen der 1691 Meter hohe Traunstein der Region ihr charakteristisches Aussehen gibt.

Den nördlichen Seeteil begrenzt Hügelland mit den wunderschönen Buchten von Gmunden und Altmünster, mehrere Schlösser und Landsitze, die einigen europäischen Herrscherfamilien als Exil dienten, geben dieser Gegend ihren besonderen Reiz. Auch über den Traunsee weht zeitweise ein gefürchteter Sturm, der sogenannte „Viechtauer", der aus dem Südwesten durch das Tal der Viechtau hereinbricht und schon viele Opfer gefordert hat.

Der Salzkammergutführer anno 1910 berichtet:

„Die Fahrt über den Traunsee, die Perle der Salzkammergutseen, beginnt in GMUNDEN, Stadt mit 7100 Einwohnern, jährlich 3000 Kurgäste, einer der besuchtesten Kurorte der Alpenländer. Seebäder, Sanatorium mit Kaltwasserkuranstalt, Sol-, Alpenkräuter-, Fichtennadeln-, Dampf-, Kohlensäure-, elektrische Bäder, 10 Hotels, Kaffeehäuser, zahlreiche wohleingerichtete Privatwohnungen und Villen. Kurmusik, Segel- und Rudersport, Lawn-Tennisplatz und besonders empfehlenswert: Ausflug mittels Salzschiff zum Traunfall.

Nach der Abfahrt des Dampfschiffes von Gmunden eröffnet sich ein prächtiger Rundblick. Am rechten Seeufer: ORT mit seinen beiden Schlössern, an den Anhöhen zahlreiche Villen, das Schloß des Herzogs von Württemberg; an einer weiteren Einbuchtung taucht ALTMÜNSTER auf, älteste Ansiedlung am Traunsee, beliebte Sommerfrische, Bahn- und Dampfschiffstation. Die Bucht von Alt-

Schladminger Tauern

Dachstein-Südwandba
Bergstation Hunerkog
2700 m

Grimming 2351 m

Graz
Stainach-Irdning

Klachau
Tauplitz 928 m
Steinpaß
Heilbrunn
Lawinenstein 1964 m
Bad Mitterndorf
Krippenstein 2109 m

Mittelstation 1171 m
Tauplitzalm-Alpenstraße (Mautstraße)
Ödensee
Dachsteinhöhle Schönbergalpe
Mittelstation 1350 m
Dachsteinbahn
Obertraun

Großsee
Tauplitzalm 1660 m
6835
Talstation Obertraun 608 m
Hoher Sarstein 1975 m
30 km
2570
Hallsta

Radling
Bad Aussee 659 m
Hallstätter See

Wienern
6842
Pötschenpaß 982 m

Toplitzsee
Gößl 720 m
Grundlsee
6840
14 km
6844
Hütteneckalm 240 m
6835

Totes Gebirge
Altausseer See
Altaussee
Loser 1838 m
Wurmstein 980 m
Predigstuhl 1278 m

Loser Panoramastraße (Mautstraße)
Hst. Bad Goisern
Sessellift

In der Röll
Perneck
Höhe Schrott 1839 m
Bad Ischl 469 m

Almsee
Seehaus 589 m
Offensee
Roith

Herzau
Heumahdgupf 1682 m
Mitterweißer

Almsee
Steinkogl-Rudolfsbrücke
Feuerkogelplateau
2031

Kasberg 1747 m
Schwärzenbrunn
Ebensee
Feuerkogel 1594 m

Jagerspitz 1271 m
Farrenauhütte
Rindbachklause
Rindbach
Höllengebirge

2554
Habernau
Jagdschloß Auerberg
Talstation Ebensee

Cumberland Natur-Wildpark
Langbathsee

Kohlerau In der Lahn
Traunstein Gmundner-H. 1691 m
Traunstein-H.
Traunsee
Traunkirchen
Große
26

Grünau im Almtal 527 m
Laudachsee
Ramsau
Vichtau
Neukirchen
Tafeikla

Taxenbichl
Grünberg 981 m
Grünberghaus
Grünbergbahn
2548
Richtberg
Weyre
an

Mühldorf
Scharnstein
St. Konrad 38 km
Traundorf
Weyer
Ebenzweier
Altmünster
Gmundnerberg 830 m

2447
2484
Viechtwang
2554
2484
Gschwandt
Gmunden 420 m
Pinsdorf
Hongar 943 m
Landerroi
Seeberg

Pettenbach
Kirchdorf an der Krems
Steyr Bf.
Oberweis
Kirchham
Ohlsdorf
Wiesen
Schörfling
Kamr

N
Autobahn
Linz · Wien
Vorchdorf
Laakirchen
Steyrermühl
2542
2540
Hildprechting
2031
Autobahn
Aurach am Hongar
Regau
2526
Pichlw
Timelk
Vöckl

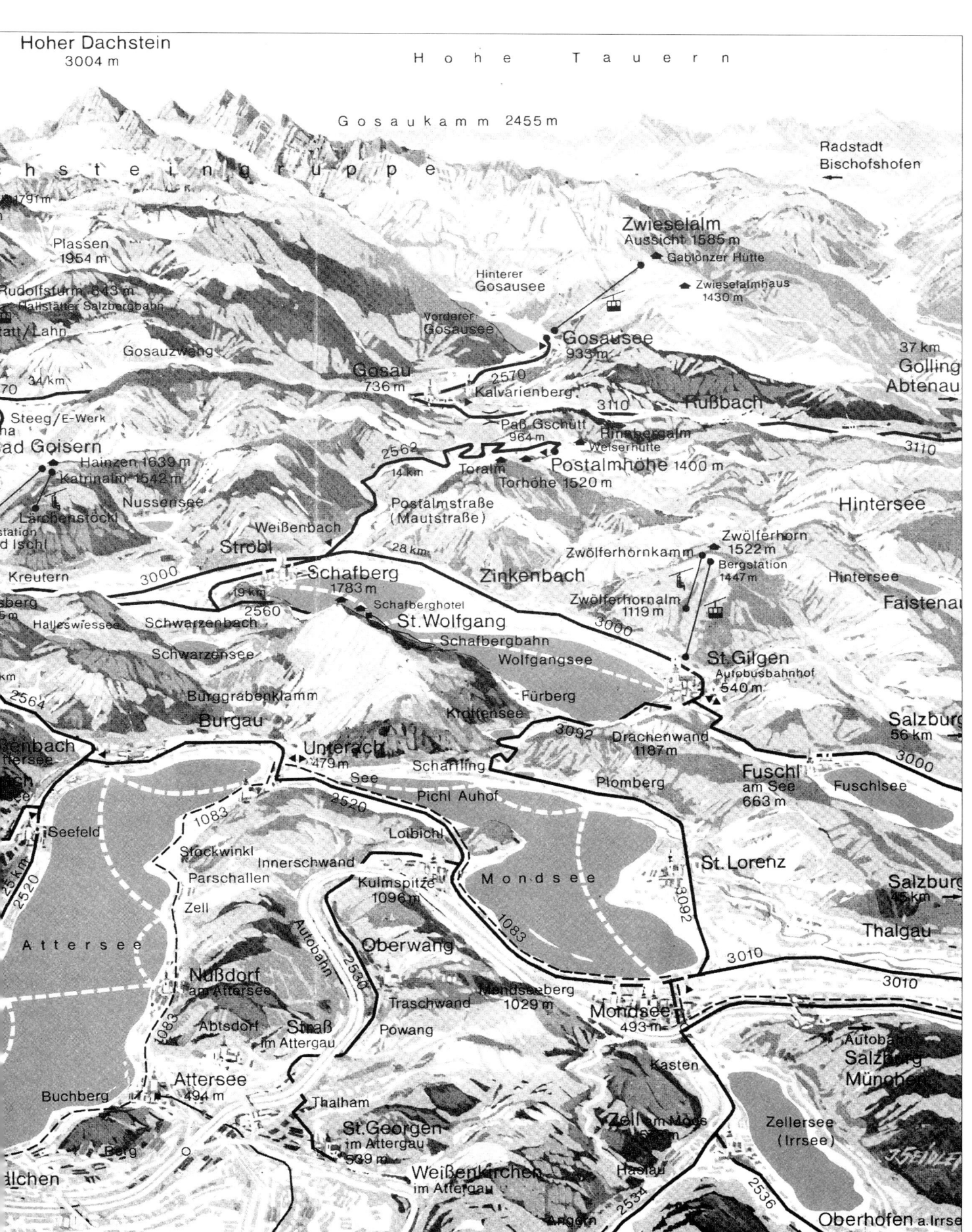

Der erste Traunseedampfer SOPHIE,
ein zeitgenössischer Stich
im Kammerhofmuseum Gmunden

münster ist seicht, daher wärmste und beliebteste Badestelle des Sees. Hierauf Schloß Ebenzweier, Besitzer Prinz Alfonso von Bourbon. Am linken Seeufer landet das Dampfschiff an einigen Haltestellen. STEINHAUS, KLEINE RAMSAU, HOISEN, Restauration, beliebte Jausenstation, berührt die Station STAININGER am Fuße des mächtigen Traunsteins (Kalkwerk). In der Richtung Ebensee sind die Felsen steil und stürzen gegen den See ab. Auf der rechten Seite liegen außer verschiedenen hübschen Villen der Besitz des Erzherzogs Karl Salvator, in einer Bucht das hübsch gelegene Gasthaus am Stein (Dampfschiffstation STEINWINKEL). Hierauf TRAUNKIRCHEN, einer der reizendsten Punkte der Seelandschaft, der Johannisberg mit uraltem Kirchlein, Klosterkirche mit der berühmten Fischerkanzel. Am Seeufer eine Kunststraße mit Schutzdächern und Tunnels. An einer Biegung steht ein sehenswerter Denkstein (Löwe); von hier aus erblickt man EBENSEE, Endstation am Südende des Sees, Bahnhaltestelle. Die ausgedehnten Salzsudhäuser, welche von Hallstatt und Ischl durch Leitungen mit Sole versehen werden. Mehrere Gasthäuser und Privatwohnungen, häufig besuchte Sommerfrische."

Natürlich übten auch der Traunsee und seine Landschaft auf die Künstler ihren Reiz aus. Johannes Brahms weilte mehrere Sommer zu Gast in der Gmundner Villa des Geschäftsmannes Miller von Aichholz. Im Kammer-Museum kann man neben einer Brahmsgedenkstätte auch die Totenmaske des Komponisten sehen. Auch die Dichter Nikolaus Lenau, Friedrich Hebbel, Anastasius Grün sowie Adalbert Stifter waren Sommergäste am Traunsee.

Altmünster ist ebenfalls stolz auf seine – berühmten – Gäste: Richard Wagner schrieb in der Villa „Traunblick" einen Teil seines „Tristan", und Franz Schubert gastierte im Schloß Ebenzweier. Im benachbarten Traun-

Oben: Traunsee, Seeschloß Ort.
Im Vordergrund einer jener für diese Region
typischen „SCHUPFER" (1890)

Unten: Der heute nicht
mehr existierende
Traunfall im Jahre 1880

kirchen hielten sich mit Vorliebe Hugo Wolf und Arnold Schönberg auf. Erzherzog Maximilian, der spätere unglückliche Kaiser von Mexiko, war öftere Gast im von Theophil Hansen erbauten Landhaus der russischen Fürstin Pantschoulidze. Ein weiterer berühmter Sommergast war der österreichische Offizier Karl Rudolf Freiherr von Slatin, der als Slatin Pascha und durch seine lange Gefangenschaft im Sudan in die Entdeckungsgeschichte des 19. Jahrhunderts einging. Die Bilder der Landschaftsmaler Jakob und Rudolf von Alt, Georg Ferdinand Waldmüller, Moritz von Schwind, Ludwig Richter und Ferdinand Gauermann trugen dazu bei, daß sich hier der Fremdenverkehr sehr rasch entwickelte.

Der Traunsee war immer ein wichtiger Wasserweg, führte doch die vorhandene Straße nur bis Traunkirchen. Der gesamte Salz-, Personen- und Warenverkehr wurde also über den Traunsee geführt. Erst mit dem Ausbau der Uferstraße bis Ebensee im Jahr 1859 trat eine wesentliche Verbesserung der Verbindung in das obere Trauntal und in das innere Salzkammergut ein. Die Personenbeförderung über den See hatte also eine lange Tradition. Zur Regelung des Verkehrs auf dem See diente das sogenannte „Urfahr", das Recht, Personen über den See zu befördern („Kleines Urfahr"), während das „Große Urfahr" die Beförderung von Frachten regelte. Natürlich brachten diese Rechte auch eine Festlegung der Fahrpreise und der Frachtkosten mit sich. Als die alten Plätten von den bequemeren Kielbooten abgelöst wurden, bildete sich die Gilde der „Gondelführer und Seefiaker", die sich um die Jahrhundertwende zu einer eigenen Genossenschaft zusammenschlossen. Die k.k. Bezirkshauptmann-

Unten: Der Landungsplatz in Gmunden, 1880.
GISELA unter Dampf,
noch mit schwarzem Rumpf und Rauchfang

Ebensee mit Traunsee

Folgende Doppelseite:
Traunkirchen mit
Traunstein

Rechts: Gmunden, 1903. „Schwäne füttern", eine auch heute noch beliebte Beschäftigung

schaft Gmunden erließ am 28. Mai 1877 eine Tarifliste für die Gondelführer auf dem Traunsee, aus der hervorgeht, daß zum Beispiel die Gebühr für ein Schiff von Gmunden nach Hoisen einen Gulden betrug. Ein wichtiger Hinweis war der Punkt 2, der besagte: „Die Trinkgelder sind in den Tarifsätzen inbegriffen".

Wegen der schlechten Straßenverhältnisse mußte ab 1814 für die Mitglieder des Kaiserhauses im Gmunden ein eigenes Fahrzeug, das sogenannte „Kaiserschiff", bereitgehalten werden. Das war eine große Zille mit einer in der Mitte aufgebauten Kajüte, auf der sogar ein Balkon errichtet war. Bei der Ausfahrt wurde es mit Fähnchen und Laternen geschmückt und von einem Steuermann und zwölf Matrosen über den Traunsee gerudert. Daher ist es nicht verwunderlich, daß sich im Salzkammergut kein zweiter See rühmen kann, von einer ähnlich großen Anzahl gesalbter und gekrönter Häupter sowie von deren Kindern überquert worden zu sein…

Besonderes Ansehen hat nach wie vor die Berufsfischerei am Traunsee. Die Fischer gehen mit ihren „Plätten" und „Schupfern" dieser schweren Tätigkeit bei jedem Wetter nach, um dann ihre gefangenen Delikatessen als „Stangelfisch", geräuchert oder frisch an den Konsumenten zu bringen.

Die Wiege der österreichischen Seedampfschiffahrt stand am Traunsee. Die beiden Engländer John Andrews und Joseph John Ruston erkannten während eines Urlaubs im Salzkammergut, daß hier durch die vorhandenen Salztransporte und den aufkommenden Fremdenverkehr größere Gewinne zu erwarten seien. Am 16. Oktober 1837 erhiel-

Joseph John Ruston (1809 – 1895)

Schiffs-, Maschinenbauer, Industrieller und Reeder

Er wurde am 3. März 1809 in London – Poplar als ältester Sohn von John R. Ruston, dem Besitzer einer Londoner Schiffswerft, geboren. Nach seiner Ausbildung zum Schiffszimmermann und Maschinenbauer ging er im Jahre 1832 als Schiffsbaumeister in die Werft des John Andrews, des Mitbegründers der Ersten k.k. pivilegierten Donau-Dampfschiffahrts-Gesellschaft, in Wien Neu-Leopoldau. Ruston entwarf im Dezember 1837 die Pläne für den ersten Traunseedampfer SOPHIE, Dampfmaschine und Kessel lieferte die englische Firma Bouton & Watt, der Schiffskörper entstand in Ebensee.

Nach dem Tode Andrews' (1847) heiratete Huston dessen Witwe und kam nach deren Tode in den Besitz der gesamten Elbeschiffahrt, die er 1851 wieder abgab. An der Donau betrieb Ruston den Schiffbau bei Klosterneuburg bis 1859 und von 1857 bis 1873 in der von Breitfeld & Evans übernommenen Werft in der Schwarzlackenau. Die Traunseeschiffahrt, die zunächst in den Besitz der Familie Hepurn gekommen war, ging im Jahre 1862 durch Ankauf in seinen Besitz über. Im Jahre 1850 beteiligten sich die Brüder Ruston an einem Prager Maschinenbauunternehmen, das hervorragende Leistungen auf dem Gebiete des Baus von Dampfkraftanlagen, der Errichtung von Zuckerfabriken, Berg- und Hüttenwerken sowie des Baus von Brücken hervorbrachte.

Durch die Firmen in Prag, Wien-Floridsdorf und die Traunseeschiffahrt wohlhabend geworden, verlegte Ruston seinen Wohnsitz nach Gmunden. Sein jüngerer Bruder John Ruston II wurde stiller Teilhaber der Schiffahrt, und nach dessen tödlichem Unfall im August 1873 nahm Rustons Neffe diesen Platz ein. Am 2. März 1895 starb Joseph John Ruston in seiner Villa in Wien-Meidling im Alter von 86 Jahren.

Ruston war einer jener Pioniere, die die Entwicklung der Industrie und des Verkehrs in Österreich im 19. Jahrhundert bedeutend beeinflußten.

Links: Dampfer ELISABETH (155 t, Baujahr 1858)
von der Station und Restauration Hoisen,
am Fuße des Traunsteins, auslaufend

ten sie ein Privileg, mit der Auflage, auf einem der größeren Salzkammergutseen ein Dampfschiff zu bauen und in Betrieb zu nehmen. Nach eingehender Überprüfung der Möglichkeiten fiel die engere Wahl auf den Traunsee. Im Dezember des Jahres 1837 begannen Rustons Planungen für einen Raddampfer. Am 22. April 1839 war es dann so weit: Dampfer SOPHIE führte seine erste Probefahrt von Ebensee nach Traunkirchen durch; die Indienststellung erfolgte erst am 15. Mai 1839. Ein weiterer Traunseedampfer, aber schon mit Eisenrumpf, entstand 1858 auf der Rustonschen Werft in Floridsdorf bei Wien. Von hier wurde der zerlegte Rumpf an den Traunsee transportiert und in Gmunden-Orth mit der in der Prager Maschinenfabrik Ruston & Co bestellten Dampfmaschine zusammengebaut. Der Raddampfer ELISABETH, benannt nach der Kaiserin, lief am 28. Juli 1858 vom Stapel und wurde als zweites Dampfschiff auf dem Traunsee in Dienst gestellt. Auch der Bau des dritten Dampfers für den Traunsee im Jahre 1870 erfolgte in der Floridsdorfer Werft. GISELA, benannt nach der Tochter Kaiser Franz Josefs, kam auch wieder zerlegt an den Traunsee und wurde erst in Rindbach bei Ebensee zusammengebaut, um am 24. September 1871 ihre erste Probefahrt zu absolvieren. Mehr als ein Jahrhundert später sollte sie als ältester Raddampfer der Welt, zum Höhepunkt der Traunseejubiläen, mit ihrer zweiten Indienststellungsfahrt am 5. Juli 1986 sich wieder als Flaggenschiff in die Traunseeflotte einreihen. Bis zum heutigen Tage, sogar unter Denkmalschutz gestellt, versieht der mit tatkräftiger Hilfe der Aktion „Rettet die Gisela!" vorm Verschrotten gerettete Dampfer seinen Dienst. Zwischen 1874 und 1877 wurde entlang des Traunsees die Kronprinz-Rudolf-Bahn (von Attnang-Puchheim nach Steinach-

Oben: Joseph John Ruston II., von 1895–1918 Eigentümer der Traunseeschiffahrt

Unten: Rudolf Ippisch, von 1918–1953 Besitzer der Traunseeschiffahrt

Das Löwendenkmal, 1870 zwischen Traunkirchen und Ebensee anläßlich der Straßenfertigstellung errichtet. Im September 1963 sprengten italienische Neofaschisten das Denkmal, und unter schwierigen Bedingungen – der Entwurf war nicht mehr vorhanden – erfolgte die Neugestaltung.

Irdning) gebaut, die am 23. Oktober 1877 eröffnet wurde, eine weitere verkehrsmäßige Erschließung des Salzkammerguts. Auch die im Jahre 1893 von der Firma Stern & Hafferl erbaute Gmundner Straßenbahn (Bahnhof-Rathausplatz) brachte eine zusätzliche Verkehrsverbesserung; sie ist heute noch in Betrieb, ihre Triebwagen sind aus dem Gmundner Stadtbild nicht mehr wegzudenken.

Trotz dieser Straßen- und Bahnverbindungen gibt es aber noch heute eine Frachtschiffahrt auf dem Traunsee, die der „Solvay-Werke" (1883 als Ebenseer Ammoniak & Sodafabrik gegründet). Ihre Frachter befördern Kalk von Karbach nach Ebensee.

Der Fremdenverkehr brachte der Dampfschiffahrt über den Traunsee um die Jahrhundertwende ihren Höhepunkt. Schon zehn Jahre später begann die Ära des Elektroboots. Der Ebenseer Geschäftsmann Rudolf Ippisch bewarb sich zu diesem Zeitpunkt um eine Schiffahrtskonzession, die er nach Überwindung mehrerer Schwierigkeiten auch erhielt. Von der Inbetriebnahme eines elektrisch betriebenen Schleppbootes durch die „Ammoniak & Sodafabrik" in Ebensee angeregt und von den Vorteilen dieser neuen Technik überzeugt, startete Ippisch seinen Betrieb ebenfalls mit E-Booten, ELEKTRA (Juni 1910 in Dienst gestellt) und TRAUNSTEIN (August 1911 in Dienst gestellt); so entstand die „Traunsee-Motorboot Ges.m.b.H.".

Am 15. Mai 1914 feierte die Traunsee-Dampfschiffahrt noch ihren 75jährigen Bestand, aber der Ausbruch des Ersten Weltkrieges bedeutete schlagartig das Ende des Fremden-

Landungsplatz Ebensee, 1890. Dampfer und Salzzillen

verkehrs und die Abstellung der Dampfschiffe wegen des hohen Kohleverbrauches. In dieser Zeit bewährten sich die E-Boote, die durch GLÜCKAUF, SONNSTEIN, KARBACH zu einer beachtlichen Flotte angewachsen waren. Noch während des Ersten Weltkrieges verhandelte Rudolf Ippisch mit dem in Krondorf als Angehöriger eines Feindstaates internierten englischen Staatsbürger Ruston II über einen möglichen Verkauf der Dampfschiffahrt am Traunsee, aber dessen Forderungen waren zunächst zu hoch. Am 1. Jänner 1918 freilich war es dann so weit, Mr. Ruston, der offenbar kaum eine andere Wahl hatte, stimmte zu, die Dampfschiffahrt ging in österreichischen Besitz über. Ippisch wurde alleiniger Betreiber, sein Unternehmen hieß ab sofort „Traunsee-Schiffahrtsgesellschaft". Außer diesem Zusammenschluß plante der rührige Unternehmer noch ein zweites Großvorhaben, nämlich die Errichtung einer Seilbahn auf den Feuerkogel. Der 26. Juni 1927 brachte dann deren feierliche Eröffnung, und Ippisch, der große Förderer des Fremdenverkehrs, erlebte an Bord des Raddampfers GISELA eine Triumphfahrt über den Traunsee. Aus der Zusammenlegung von Schiffahrt und Seilbahn wurde die „Traunseer Schiffahrts- und Seilschwebebahn Ges.m.b.H."

Das Dampfschiffzeitalter ging dem Ende zu, von den fünf damals noch vorhandenen Dampfern UDINE, SOPHIE, MARIE VALERIE, ELISABETH und GISELA blieben nur die beiden letztgenannten in Dienst. Der Zweite Weltkrieg brachte der Flotte der Traunseeschiffahrt keine größeren Schäden, und so konnte schon am 1. November 1945 wieder unter rot-weiß-roter Flagge ausgelaufen werden. Kommerzialrat Rudolf Ippisch starb, 75jährig, am 2. März 1953 in Ebensee, sein Sohn – er hieß ebenfalls Rudolf Ippisch – übernahm das Unternehmen. Zur Erinnerung an diesen großen Mann der Traunseeschiffahrt erhielt ein im Jahre 1928 in Holland gebautes Schiff den Namen RUDOLF IPPISCH; es steht heute noch auf dem Traunsee im Dienst. Mit dem Tode Rudolf Ippischs des Jüngeren am 25. April 1976 erwarb nach längeren Verhandlungen der Gmundner Schiffahrtunternehmer Karl Eder die Traunseeschiffahrt, die er noch heute zusammen mit seinem Sohn Karl Heinz betreibt. Zur Zeit besteht die Traunseeschiffahrt aus dem Linienverkehr, Gmunden – Altmünster – Hoisn – Traunkirchen – Ebensee, sowie den Rundfahrten des Unternehmens Eder. Flaggenschiffe sind der der Verschrottung entgangene ewig junge Raddampfer GISELA und das seit 1990 am Traunsee in Dienst gestellte Motorschiff OBERÖSTERREICH. Aber auch die Firma Wolfgang Trawöger in Altmünster mit ihrem neuen Fahrgastschiff MARIA THERESIA und die Firma Max Gaigg in Traunkirchen sind für Rund- und Vergnügungsfahrten gerüstet.

Links unten: Gmunden, 1910. Ein „Seebär" zwischen Radkasten und Windhutze

Rechts: Gmunden, die auslaufende GISELA

Unten: Dampfer SOPHIE III (84 t, Baujahr 1862) auf der Fahrt nach Gmunden

Traunstein — Dampferfahrt nach Gmunden

Leopold Wiesinger, Gmunden.
O. Schleich Nachf., Dresden 2640

Oben: Fischer auf dem Traunsee

Links: Hier entsteht der „Stangelfisch"

Rechts oben: Fronleichnam des Jahres 1926

Rechts: Traunkirchen. Fronleichnamsprozession unter der Assistenz der Traunseeflotte

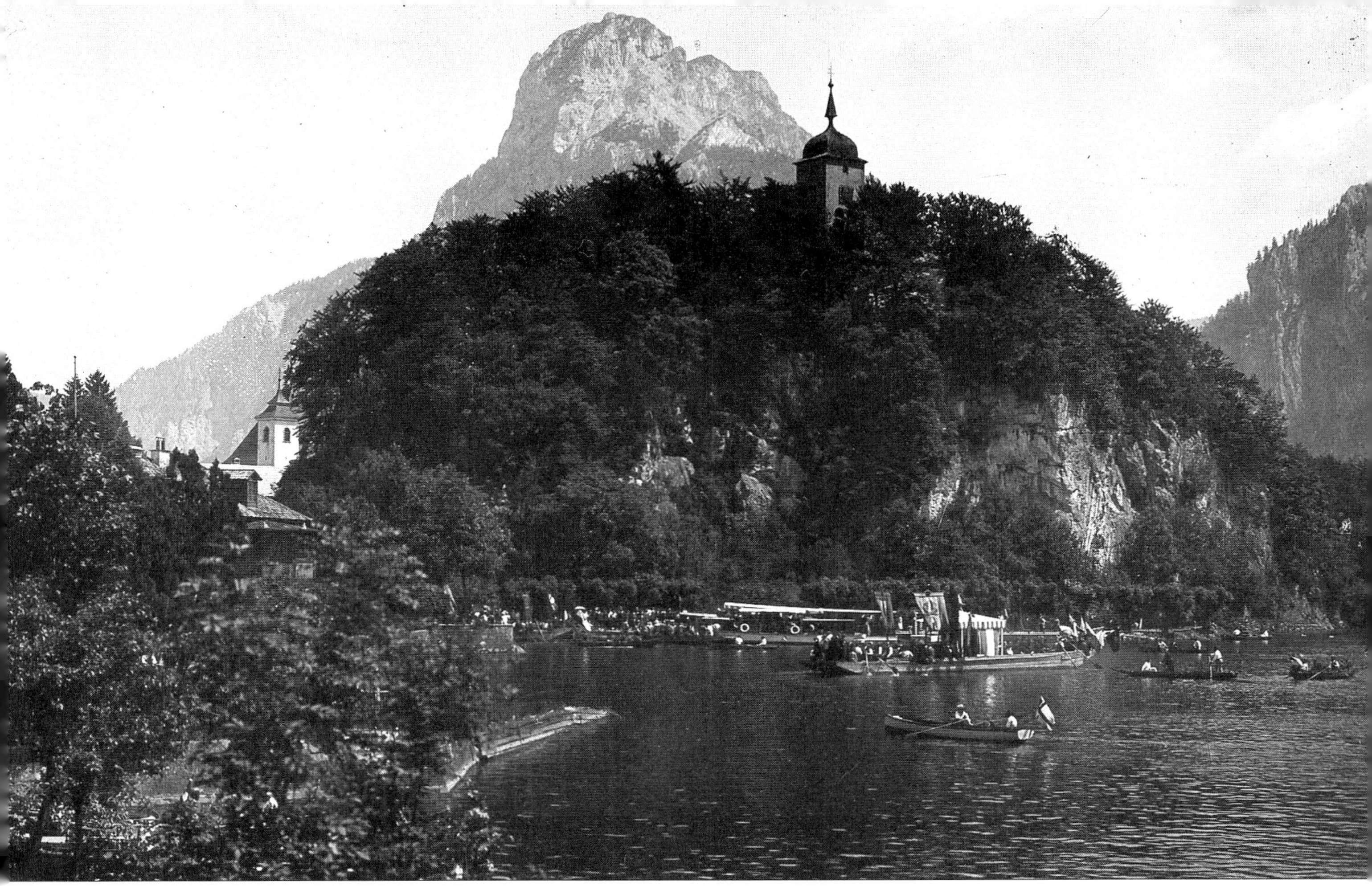

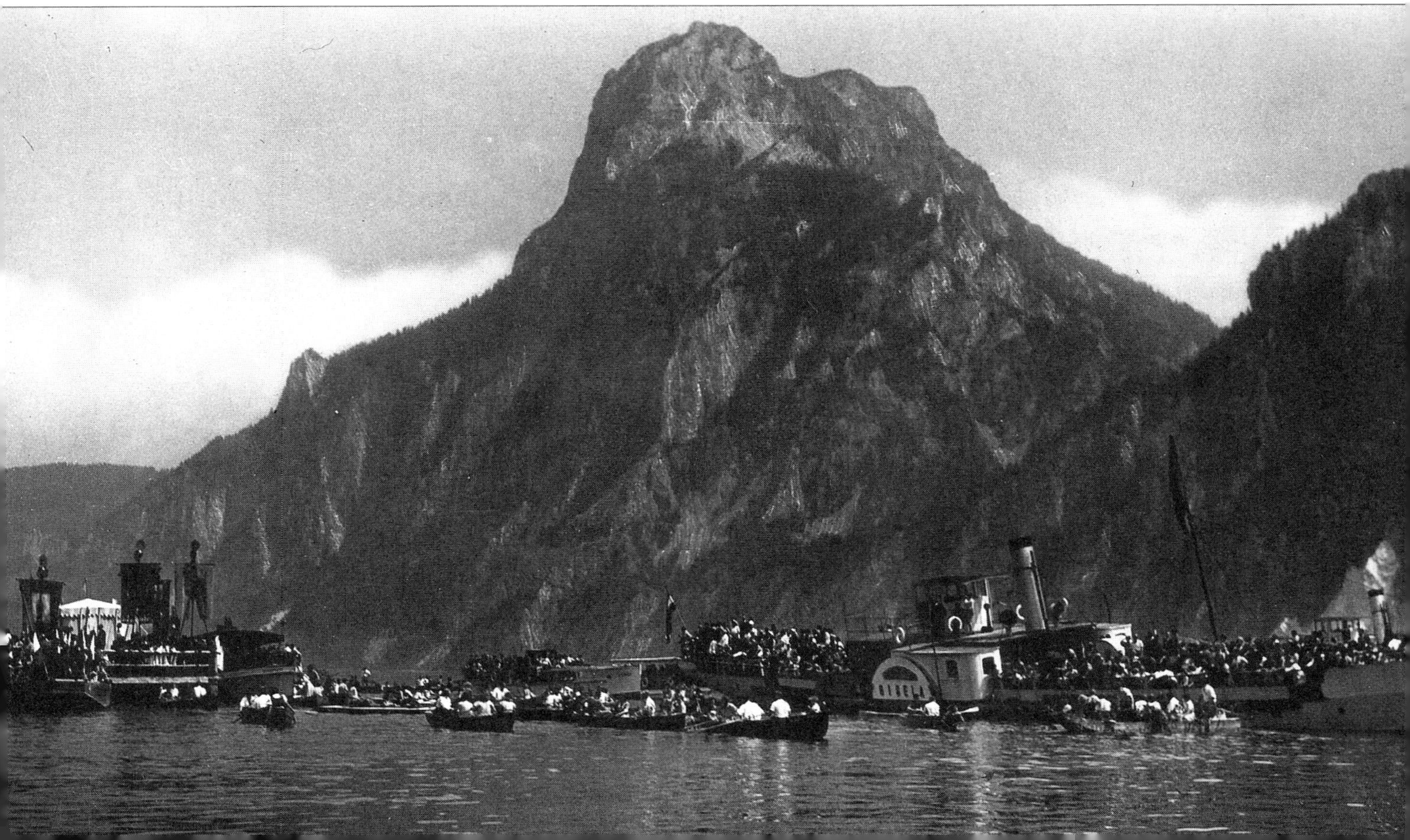

Oben: Gmunden mit Blick auf Weyer und den Grünberg. Dampfer ELISABETH vom Landungsplatz auslaufend

Links: Karl Eder, der von 1976–1984 die Traunseeschiffahrt leitete

Oben: Landungsplatz Ebensee. Die Passagiere eilen zum abfahrbereiten Dampfer

Rechts: Chic per Schiff zur Jagd

Folgende Doppelseite: Dampfnostalgie in Gmunden, 1914. Im Hintergrund das See- und Landschloß Ort. Raddampfer GISELA auslaufend. Rechts am Molo der Schraubendampfer UNDINE ex TRAUNSTEIN, dahinter Raddampfer ELISABETH

Raddampfer GISELA

Bauwerft: Ruston, Floridsdorf bei Wien. Schiffsrumpf aus Stahl, genietet. Das Schiff wurde zerlegt, per Bahn nach Rindbach-Ebensee gebracht und dort zusammengebaut.

Bauzeit: Baubeginn Mai 1870, Stapellauf Juni 1971, Probefahrt 24. September 1871, Indienststellung Frühjahr 1872.
1981 erhielt die GISELA keine weitere Betriebsgenehmigung mehr.
1982 erwarb der Verein „Freunde der Stadt Gmunden" den Dampfer und am 5. Juli 1986 wurde die GISELA nach 6jährigen Renovierungs- und Umbauarbeiten wieder in Dienst gestellt.

Länge über alles:	52 m
Breite auf dem Hauptspannt:	4,95 m
Breite über Radkasten:	9,40 m
Tiefgang leer:	1,20 m
Tiefgang voll:	1,50 m
Verdrängung voll:	187,5 t
Verdrängung leer:	135,0 t
Passagierzahl:	300
Besatzung:	6
Leistung:	120 PS
Geschwindigkeit:	12 Kn

Maschine: Oszillierende Niederdruckmaschine, ab 1939 oszillierende Verbunddampfmaschine. Hersteller: Prager Maschinenfabrik, 1870, Bau Nr.: 506.

Kessel: Ursprünglich Kofferkessel, dann 1907, 1939 und 1975 neuer Flammrohrkessel mit 80 m^2 Heizfläche.

Antrieb: zwei seitlich angebrachte Schaufelräder, á 12 hölzernen Radschaufeln; die Steuerung erfolgt über Exzenter.
Rad-Außendurchmesser 4 m.
Schaufelabmessung: Länge 1,68 m
Breite 0,48 m.

FREMDEN-LISTE
DER KURSTADT GMUNDEN, OBER-ÖSTERR.

Nr. 6.   Samstag den 13. August 1927.   66. Saison.

Oben: Werft Ebensee-Rindbach. Die GISELA an Land, die Generalsanierung hat begonnen

Links: GISELA, 1984. Die Dampfmaschine wird aus dem Rumpf gehoben

Rechts: Ein lustiges, aber gefährliches Vergnügen

Elektroboot SONNSTEIN
(20,4 t, Baujahr 1912)

Motorschiff RUDOLF IPPISCH ex SCHWALBE, ex NOB
(23,6 t, Baujahr 1928)

Motorschiff MARIA THERESIA (Baujahr 1986) der Firma Wolfgang Trawöger

Motorboot FEUERKOGEL (24,4 t, Bauzeit 1939–41)

Fahrgast Motorschiff OBERÖSTERREICH (Baujahr 1974), die Neuerwerbung für den Linienverkehr

Oben: Naturstrandbad Gmunden, 1925

Links: Majestätisch: der Klippersteven der GISELA

Rechts: Dampfer ELISABETH, während des Ersten Weltkrieges zählten auch Frauen zur Besatzung

Oben: Station Altmünster

Unten: Hafen und Landeplatz Gmunden, heute

DER ATTER- ODER KAMMERSEE
Walt Disney, Bambi und Unterach

Seepaß: Oberösterreich, Salzburg; 467 m Seehöhe, 46,7 km² Wasserfläche,
21 km lang, 3 km breit und 171 m größte Tiefe.

Er ist der größte See des Salzkammerguts und der einzige See dieser Region, der nie zufriert. Den Hauptzufluß bildet die vom Mondsee kommende und bei Unterach in den Attersee mündende Seeache; am nördlichen Ende fließt der See in die Ager ab. Im Süden bilden das Profil des Schafberges und die Steilabhänge des Höllengebirges eine prachtvolle Umrandung. Der Name „Atter" ist illyrischen Ursprungs und bedeutet soviel wie Wasser. Ein Teil des größtenteils in Oberösterreich liegenden Sees, nämlich das südliche Seeufer zwischen Unterach und Weißenbach, gehört zu Salzburg. Der See kann sehr stürmisch werden, deshalb sind, so wie am Traunsee, rund um den See Drehleuchten aufgestellt, die bei Sturmwarnung blinken.

Der Salzkammergutführer aus dem Jahre 1910 berichtet:

„Der besuchteste Ort am Attersee ist UNTERACH, großes Dorf, am Südende sehr anmutig gelegene, gute Gasthöfe, zahlreiche Privatwohnungen mit Bade- und Bootshütten, sehr mildes Klima (viele Edelkastanien). Prachtvolle und abwechslungsreiche Ausflüge. Der anerkannt schattigste und lohnendste Abstieg von der Schafbergspitze führt nach Unterach und wurde sogar von der Kaiserin Elisabeth von Österreich zu Fuß zurückgelegt! Von Unterach fahren wir mit einem der schmucken Dampfboote in östlicher Richtung nach BURGAU, neues Hotel (Tennisplätze) und ein Gasthof in reizender Lage am See, prachtvolle Fernsicht der Länge nach über den ganzen See. – Dann weiter nach WEISSENBACH, sehr gut renommiertes Hotel, Parkanlage am See und sehr beliebter Wagenausflug der Ischler Sommergäste. Von Weissenbach nimmt das Dampfschiff einen nördlichen Kurs gegen Station FORSTAMT, dann nach STEINBACH, Dorf mit uralter Kirche am Fuße des Höllengebirges, hierauf den See durchquerend berührt es in kurzen Zwischenentfernungen die Stationen STOCKWINKEL, PARSCHALLEN, NUSSDORF, MORGANHOF, beliebteste Ausflüge, gute Gasthäuser; dann ATTERSEE am Fuße des Buch-

Gustav Klimt
(1862 – 1918)

verbrachte viele Sommer in dieser schönen Gegend; er hatte sich hierher zurückgezogen und es entstanden mehrere Werke, unter anderem im Jahre 1916 die „Kirche von Unterach". Klimt bevorzugte für seine Arbeiten – oft im Boot malend – ein Fernglas, um sich das Darzustellende näher zu bringen. Anfangs wurde Klimt vom Wasser und dem See, später von der gesamten Landschaft inspiriert. Das von Klimt einst bewohnte Forsthaus ist noch erhalten, aber in einem desolaten Zustand.

Gustav Mahler
(1860 – 1911)

komponierte hier in den Jahren 1893 bis 1896 seine dritte Symphonie, die man daher auch die „Oberösterreichische" nennen könnte. Beim Komponieren zog sich Mahler in sein Häuschen, das auf einer in den See hinausreichenden Halbinsel steht, zurück. Es existiert heute noch und erinnert als kleines Museum an den großen Komponisten.

berges, einst Hauptort des Attergaus, katholische Kirche, protestantische Kirche, Brauhaus, Hotelanlagen, Badeanstalten, Sitz des Union-Yachtlub „Attersee", zwischen Morganhof, Attersee und Weyregg Dreieckskurs" der Amateur-Segelregatten, günstiges Segelrevier Österreichs. – Nochmals quer über den See nach WEYREGG, Fundort römischer Altertümer (Mosaikboden). An der Insel Litzlberg vorüber, steuert das Schiff nach der Endstation KAMMER, Bahnstation, Seeschloß auf Piloten gebaut, großes neu eingerichtetes Hotel, warme Bäder, große schattige Parkanlagen, Villen und Sommerwohnungen, Seebäder und Blumenkorso."

Auch am Attersee wird der von Nordwest kommende „Rosenwind" von den Segelsportlern sehr geschätzt. Aber nicht nur der Segelsport, auch der Fremdenverkehr entwickelte sich, prominente Sommergäste hielten auch auf diesem See ihren Einzug. Seewalchen etwa wurde zur Wahlheimat des Dichters Franz Karl Ginzkey. Zu den bekanntesten Sommerfrischlern in Unterach zählen Johannes Brahms, Gottried Keller und Hugo Wolf, der hier im Jahre 1888 einen Teil seiner Mörike- und Eichendorff-Lieder vertonte. Nicht zu vergessen Felix Salten, aus dessen Feder, inspiriert durch die Eindrücke vom Hochsitz des Jagdrevieres oberhalb von Unterach, im Jahre 1922 jene rührende Tiergeschichte vom Reh Bambi entstand, die dann Walt Disney zum Kinowelterfolg machte.

Am friedlichen Wettstreit um die Gunst der Sommergäste beteiligte sich natürlich auch Steinbach am Attersee. Hier hatten unter anderem die Burgschauspielerinnen Hedwig Bleibtreu und Charlotte Wolter ihre Sommerwohnungen.

Durch die schöne Landschaft und den See angeregt, waren es drei bedeutende Künst-

Oben: Landungsplatz Kammer, um 1900.
Raddampfer FRANZ FERDINAND (Baujahr 1870), rechts hinten
der kleine Schraubendampfer HUBERT SALVATOR (Baujahr 1894)

Unten: Landeplatz Weissenbach am Attersee, 1890

Unterach am Attersee.
Links Raddampfer
ALMA, ex KAMMER
(Baujahr 1872)

Hotel und Bad Kammer,
1890

Blick auf Schloß Kammer
und den Attersee, 1890

Folgende Doppelseite:
Motiv vom Attersee: links
Motorboot ATTERGAU
(Baujahr 1912,
ursprünglich Elektroboot)

ler, die ihre schöpferische Tätigkeit hierher verlegten.

Der Startschuß zum Beginn der Dampfschiffahrt am Attersee erfolgte im Jahre 1869 durch die Gründung der „1. Concessionierten – Atterseedampfschiffahrtsgesellschaft" durch August Horvath de Szent György, mit Unterstützung der Seegemeinden Unterach und Weissenbach. Der bei der Linzer Werft bestellte Schraubendampfer IDA wurde als erster Dampfer am 27. Februar 1869 in Dienst gestellt. Da es entlang des Atttersees keine Bahn gab, mußte, um den ansteigenden Personen- und Güterverkehr durchführen zu können, die Flotte um die Raddampfer ATTERSEE (im Jahre 1870) und KAMMER (im Jahre 1872) vergrößert werden.

Aus wirtschaftlichen Schwierigkeiten mußte im Jahre 1887 Horvath die restlichen beiden Dampfer (IDA wurde März 1872 an den Mondsee verkauft) an Ferdinand Perathoner verkaufen. Der neue Besitzer ließ den Dampfer ATTERSEE in FRANZ FERDINAND und den Dampfer KAMMER in ALMA umbenennen. Eine zusätzliche Verstärkung der Flotte brachte die Indienststellung des Dampfers HUBERT SALVATOR im Jahre 1894.

Am 2. August 1902 beehrte Kaiser Franz Josef den Attersee durch einen Besuch und absolvierte eine Seerundfahrt an Bord des festlich geschmückten Raddampfers FRANZ FERDINAND.

Eine weitere Verbesserung der Verkehrssituation in dieser Region brachte die Eröffnung der schmalspurigen Lokalbahn Attersee – Vöcklamarkt am 14. Jänner 1913; die Betriebsführung der Bahn übernahm die Firma Stern & Hafferl. Dieses Unternehmen hatte sich längere Zeit ergebnislos um eine Schiffahrtskonzession für den Attersee bemüht, diese aber dann doch erhalten. Am 13. Mai 1913 war es dann so weit, das erste Elektro-

Heimito von Doderer
(1896 – 1966)

schrieb hier von Februar bis Mai 1946 an seinem Roman „Die Dämonen". Das Landhaus seines Onkels gab Doderer die nötige Ruhe und Umgebung. Es steht heute noch, und der Blick über den Attersee ist unvergleichlich und hat ihn wohl zu folgendem Zitat veranlaßt: „Der See sieht tiefer aus, gründiger, dunkelfarbener, dann und wann wie ein ultramarinblauer Abgrund."

boot, BARON HANDEL, der Firma Stern & Hafferl befuhr den See. Die Indienststellung des zweiten Bootes erfolgte am 2. Juni desselben Jahres.

Der Tod des Inhabers Perathoner im Jahre 1916 ließ das Dampfschiffahrtsunternehmen in den Besitz seiner beiden Töchter Metta Perathoner und Alma Römer übergehen. Nach der Ausrufung der Republik erzwang der Arbeiterrat die Entfernung der monarchistischen Schiffsnamen; aus FRANZ FERDINAND wurde UNTERACH, und der Name des E-Bootes wurde von BARON HANDEL auf HANDEL verkürzt. Es sollte nicht die letzte Umbenennung sein; 1938 wurde das HANDEL in HEIMATGAU umgenannt. Im Jahre

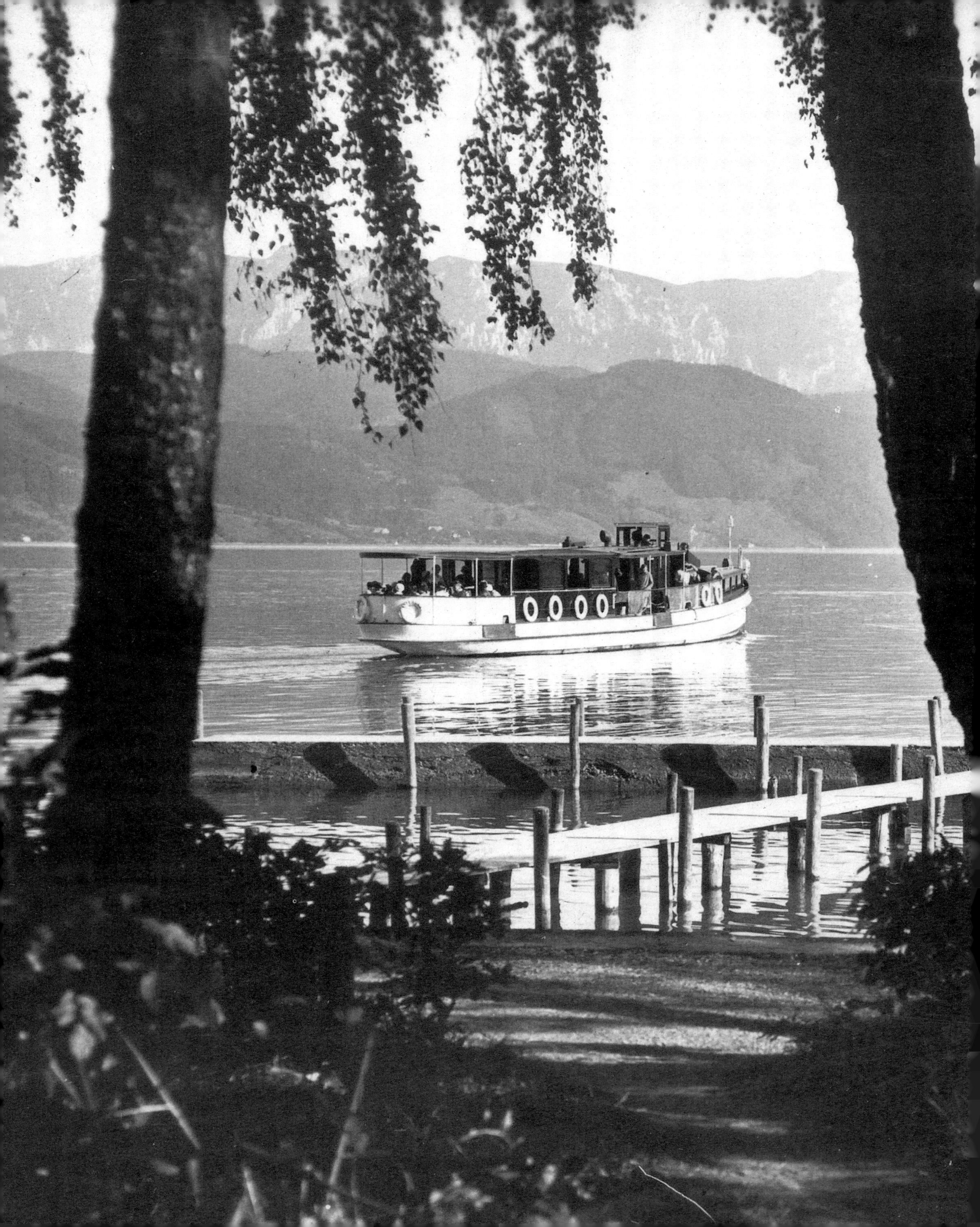

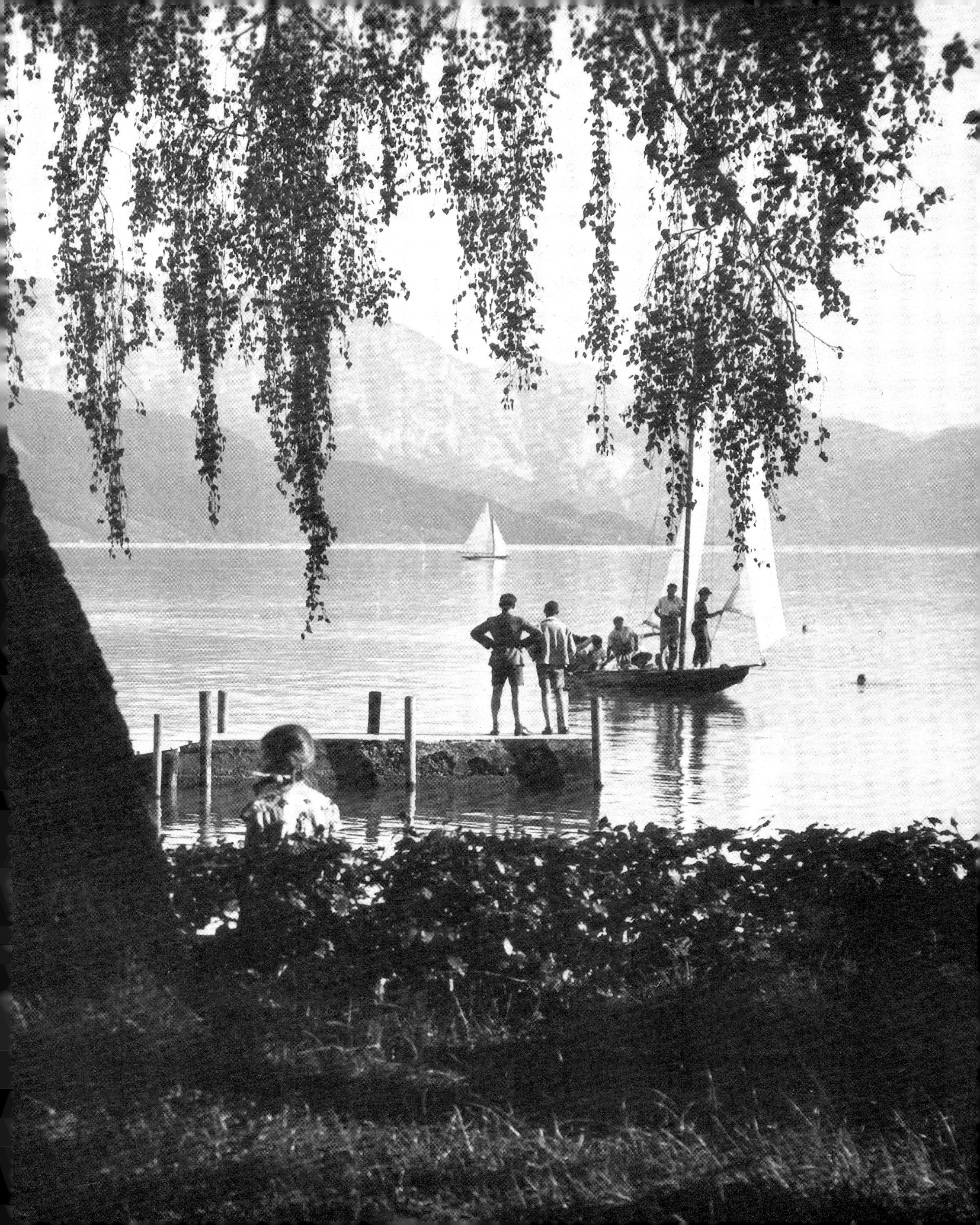

Nußdorf, 1925. Yachting am Attersee

Union Yacht Klub Attersee, 1930

1921 hatte der aus Mähren stammende Rudolf Randa das Dampfschiffahrtsunternehmen erworben, er verkaufte es zwei Jahre später an die Firma Stern & Hafferl.
Während des Zweiten Weltkrieges bestellte das Sägewerk Franz Haupl bei der Werft in Linz ein Trajektschiff für den Transport von Güterwaggons der Schmalspurbahn; dieser Trajektverkehr blieb bis 1966 in Betrieb. Ohne Verluste hatte die Schiffahrt am Attersee den Krieg überstanden, und schon im Sommer 1945 konnte der Schiffsverkehr unter österreichischer Flagge durch die Firma Stern & Hafferl mit dem E-Boot BURGAU (ex HEIMATGAU) aufgenommen werden.
Heute wird die Schiffahrt nach wie vor von Stern & Hafferl betrieben. Der Firmensitz befindet sich in Gmunden, eine Betriebsstelle für die Schiffahrt in Attersee. Die Motorschiffe ATTERSEE, HOCHLECKEN, UNTERACH, WEYREGG sowie STADT VÖCKLABRUCK werden im Linien- und im Rundfahrtsverkehr eingesetzt, um als ein mehr als hundert Jahre junges, dynamisches Verkehrsunternehmen mit dem Slogan „auf unseren Schiffen finden sie Erholung, Erlebnis und Geselligkeit!" für den Fremdenverkehr tätig zu sein.

Raddampfer ALMA, die Station Steinbach verlassend

Raddampfer UNTERACH, ex FRANZ FERDINAND, ex ATTERSEE, um 1947

Landungsplatz Attersee, 1914. Elektroboot BARON HANDEL (24 t, Baujahr 1912). Im Hintergrund ein Triebwagen der einstigen Lokalbahn Attersee-Vöcklamarkt

Unten: Motorschiff STADT VÖCKLABRUCK ex LUDWIG DER KEHLHEIMER (64 t, Baujahr 1977) der Atterseeschiffahrt, Firma Stern & Hafferl
Ganz unten: Motorschiff UNTERACH, den Landeplatz Attersee verlassend

Motorschiff „WEYREGG"

Folgende Doppelseite:
Morgenstimmung auf
dem See

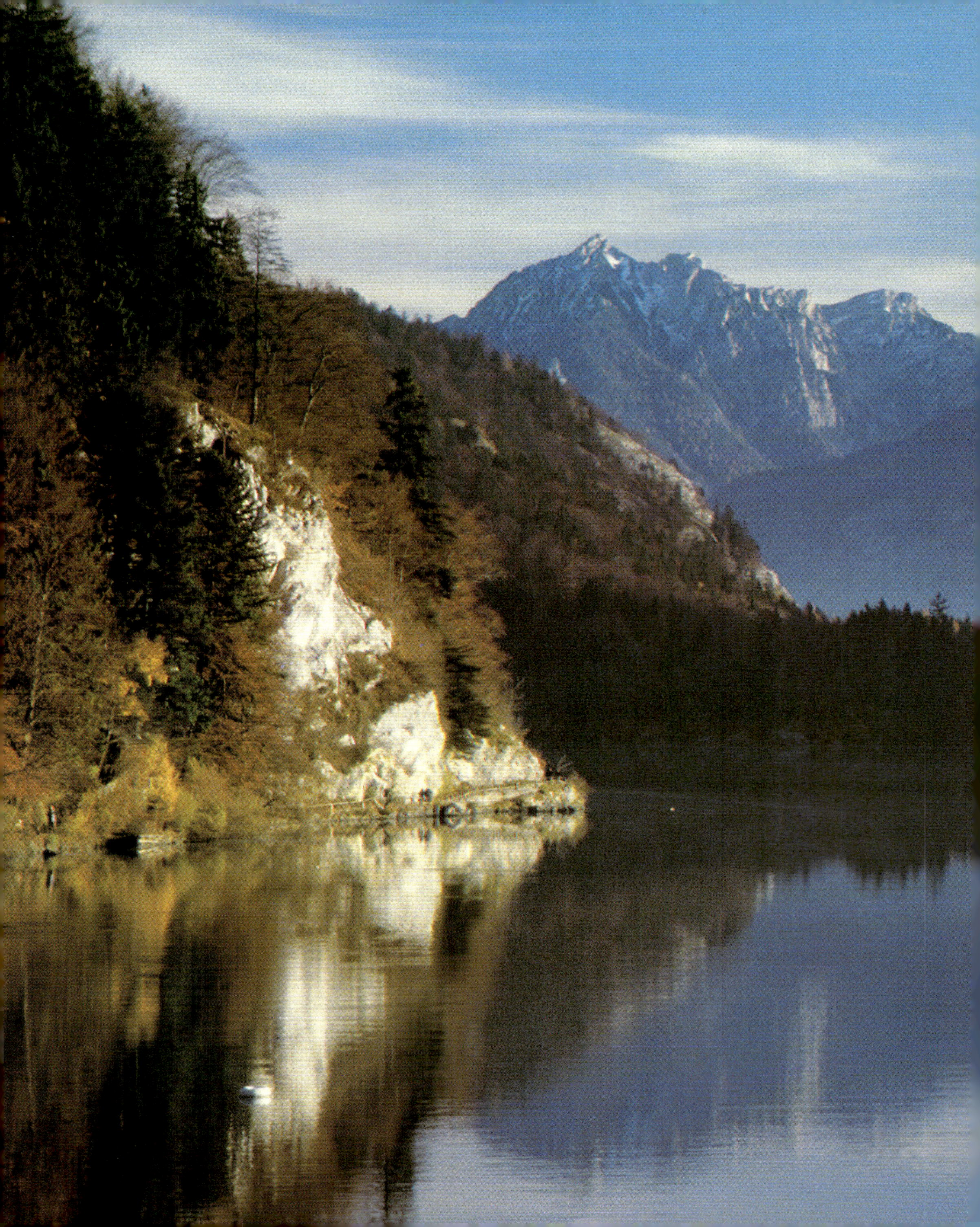

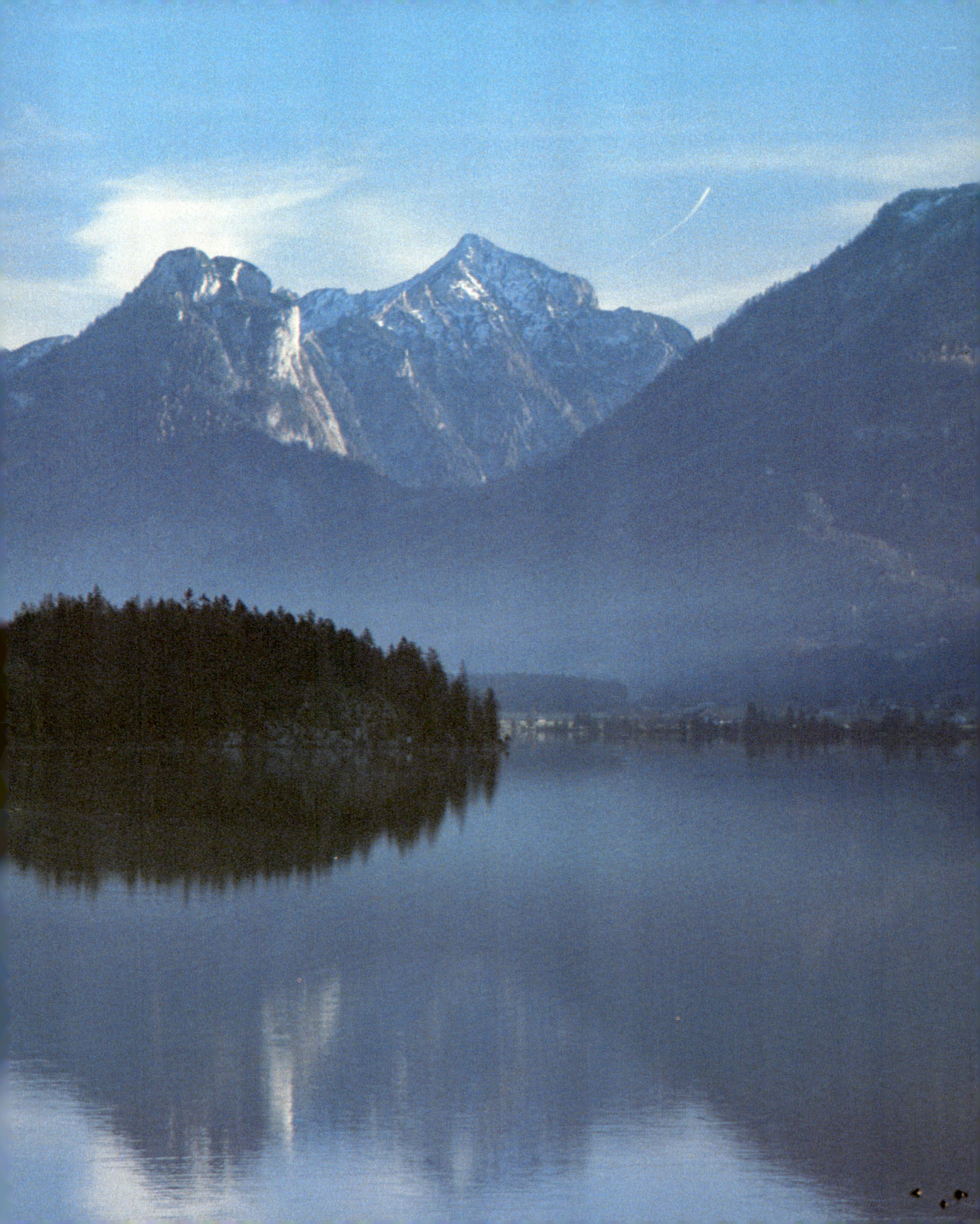

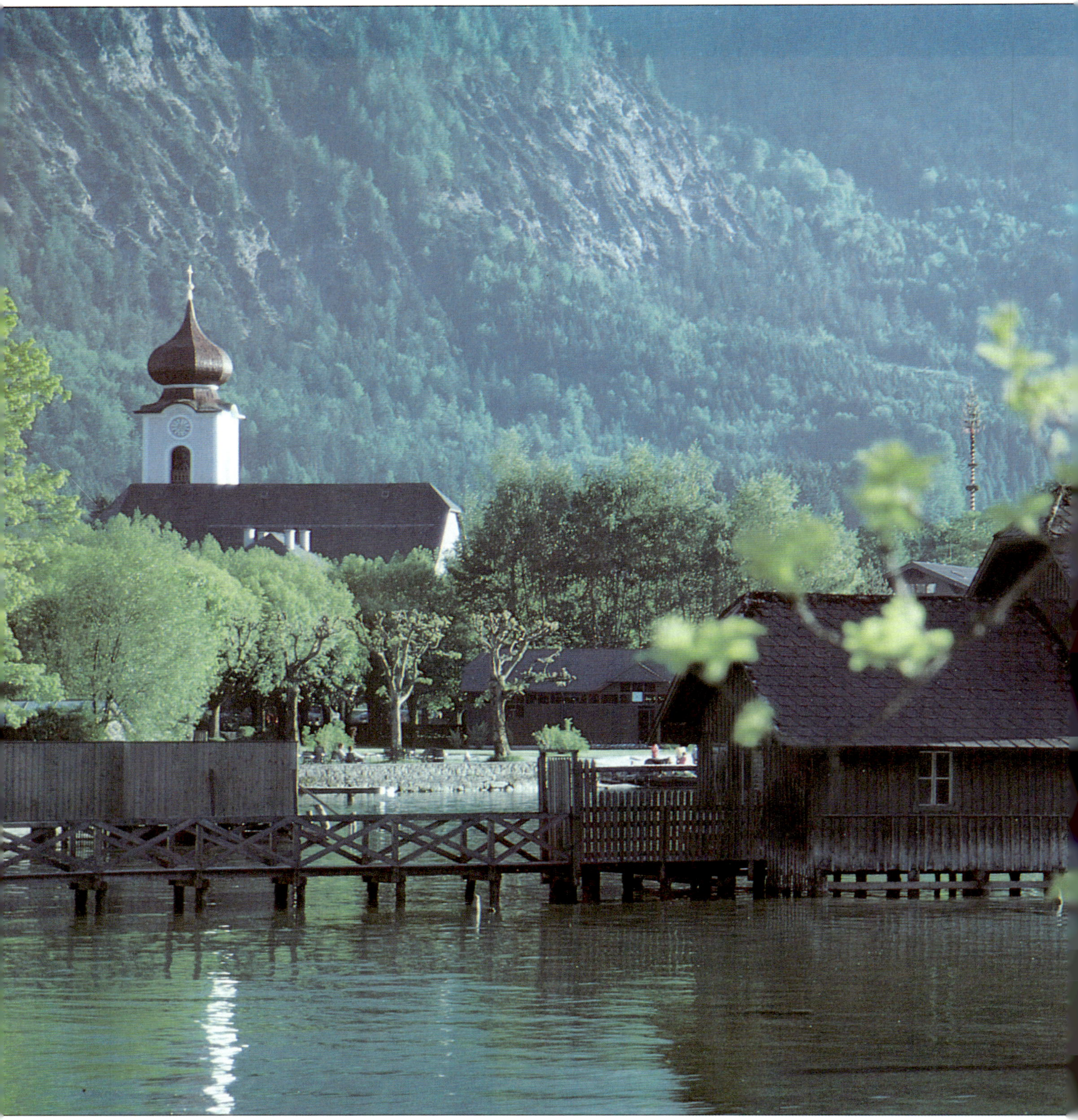

DER WOLFGANG- ODER ABERSEE

„Im Weissen Rössel am Wolfgangsee..."

Seepaß: Oberösterreich und Salzburg, 538 m Seehöhe,
13 km^2 Wasserfläche, 114 m größte Tiefe.

Der ursprüngliche salzburgische Name Abersee ist heute durch die oberösterreichische Bezeichnung Wolfgangsee abgelöst worden. Der See wird durch den mächtigen Schwemmkegel des Zinkenbaches an seinem südwestlichen Ufer in der Mitte fast in die Hälfte geteilt; ein nur 400 m breiter Streifen trennt das nord- und südseitige Ufer. Der Wolfgangsee fließt bei Strobl in die Ischler Ache ab.

Die besonders guten Windverhältnisse, speziell der sogenannte „Brunnwind" sowie der „Rosenwind", haben dafür gesorgt, daß hier der Segel- und Yachtsport sehr gepflegt wird: Im Jahre 1901 entstand der noch heute bestehende Union Yacht Club Wolfgangsee.

Der Salzkammergutreiseführer von 1910 berichtet:

„Der Wolfgangsee ist unbestritten einer der pittoreskesten und bezauberndsten Seen des Salzkammergutes. In STROBL am Südostende, beliebte Sommerfrische, mit Hotel am See und Badeanstalt sowie Dampfschiffstation, besteigen wir das Dampfboot. – Eine Seefahrt bei Sonnenstein an Bord eines der drei komfortabel eingerichteten Dampfer zählt zu den herrlichsten, unvergeßlichen und dankbarsten Naturgenüssen. Die überwältigenden Eindrücke der abwechselnden Gebirgsszenerie voll zu genießen, ganz in sich aufzunehmen, ist nur an Bord des am grünen Wasserspiegel gleitenden Dampfers möglich. Nach 1/4stündiger Fahrt landen wir in ST. WOLFGANG, am Fuße des Schafberges, am Ausgangspunkt der Schafberg-Zahnradbahn. Die Verbindung mit der am gegenüberliegenden Seeufer gelegenen Lokalbahnstation St. Wolfgang stellt ein eigenes Dampfschiff her. St. Wolfgang ist als Sommerfrische und Alpenseebad sehr besucht (Fremdenliste 6.000 Personen, Durchreisende mehr als 40.000 Personen). Acht große, gut eingerichtete Hotels und Gasthöfe, viele Villen, gegen 200 Sommerwohnungen. Gotische Kirche mit berühmtem Altar, sehenswert, zu Ehren des Schutzheiligen des Ortes, St. Wolfgang erbaut. Der Markt besitzt 2 große Seebadeanstalten, Lawn-Tennis- und

Rechts: St. Wolfgang, 1890

Rechts unten: Schraubendampfer ELISABETH (Baujahr 1873), 1908

Croquetplätze. Wir setzen in St. Wolfgang in einem die Längsfahrt besorgenden Dampfer die Reise fort. Am Falkenstein neue Dampfschiffstation FALKENSTEIN-RIED am Fuße der berühmten Falkensteinwand mit Scheffel-Gedenkschrift, dann LUEG, neuerbautes gut eingerichtetes Touristenhotel, Lokalbahn-Haltestelle, unmittelbar neben Dampfschiff-Landungssteg, Umsteigstation von Schiff auf Bahn und umgekehrt. Wichtiger Hinweis!! Bahnanschlüsse werden hier rechtzeitig erreicht!! Das Dampfboot landet weiters in FÜRBERG in idyllischer Bucht, Jausenstation. Endstation ist ST. GILGEN, klimatisch günstige Lage, mit Gasthöfen, Seerestaurationen, Villen und Privatwohnungen, beliebte Sommerfrische."

Hauptanziehungspunkte des Wolfgangsees sind der kostbare Schnitzaltar des Südtirolers Michael Pacher und das längst zum Hotel gewordene legendäre Gasthaus „Zum Weissen Rössel", das der Komponist Ralph Benatzky durch seine Operette in der ganzen Welt berühmt gemacht hat. Er hat hier seine letzte Ruhestätte gefunden. Welche Bedeutung das „Weisse Rössel" für den Fremdenverkehr besitzt, ergeht aus der hohen Besucherzahl (mehr als 10.000 Personen) an schönen Tagen, die das schmale Gäßchen zum „Rössel" frequentieren. Aber auch die Prominenz kam in dieses Gebiet, nach St. Gilgen etwa, wo 1720 Mozarts Mutter geboren wurde und im Jahre 1784 Mozarts Schwester Nannerl den St. Gilgener Pfleger Reichsfreiherren von Sonnenberg heiratete. Zu den Stammgästen gehörten der berühmte Chirurg Theodor von Billroth, die Dichter Hugo von Hofmannsthal, Arthur Schnitzler, Thomas Mann sowie die Dichterin Maria von Ebner-Eschenbach, die zehn Sommer (bis 1898) in St. Gilgen verbrachte. Nicht zu vergessen die Hofschauspielerin Katharina Schratt, die während der Sommer 1886–88 die Villa Frauenstein bewohnte. Seit einigen Jahren ist auch der deutsche Bundeskanzler Helmut Kohl „St. Gilgner". Einer der berühmtesten „Wolfgangseer" ist der Nobelpreisträger Professor Karl von Frisch, der in Fürberg beheimatet ist. Aber auch in Strobl hatten bedeutende Künstler wie Werner Krauß, Olga Tschechowa, Theo Lingen und Emil Jannings ihren Sommersitz. Während des Zweiten Weltkrieges beherbergte Strobl sogar Leopold III., König der Belgier, der freilich durchaus nicht freiwillig im Salzkammergut Urlaub machte.

Neben der Schiffahrt übt auch die 1893 eröffnete Zahnradbahn auf den Schafberg einen großen Anziehungspunkt und Reiz aus. Im April 1892 begannen die mühevollen und beschwerlichen Bauarbeiten, die von 350 italienischen Arbeitern durchgeführt wurden. Bauherr war die „Salzkammergutlokalbahn Gesellschaft". Die Bahn führt auf einen der schönsten Aussichtsberge der Region, der oft als österreichischer Rigi bezeichnet wird. Den Betrieb halten seit ihrem Bestand 5 Dampflokomotiven (1892–94 von der Linzer Lokomotivenfabrik Krus u. Co. AG.) und seit 1964 zusätzlich 2 dieselhydraulische Triebwagen (1963–64 von Simmering-Graz-Pauker in Wien) aufrecht.

Im Mai 1873 begann am Wolfgangsee das „Dampfschiff"-Zeitalter, der Raddampfer KAISER FRANZ JOSEF I." wurde in Dienst gestellt. Betreiber war die „Wolfgangsee-Dampfschiffahrt", deren Eigentümer Berthold Curant und Albert Pietz waren und die den Dampfer bei der Linzer Werft Ignaz Mayer bestellt hatten. Der zunehmende Besucherstrom sowie der aufstrebende Tourismus ließ die Gesellschaft 1883 einen weiteren Dampfer erwerben. Um 7000 Gulden kaufte Curant bei der Budapester Propeller Über-

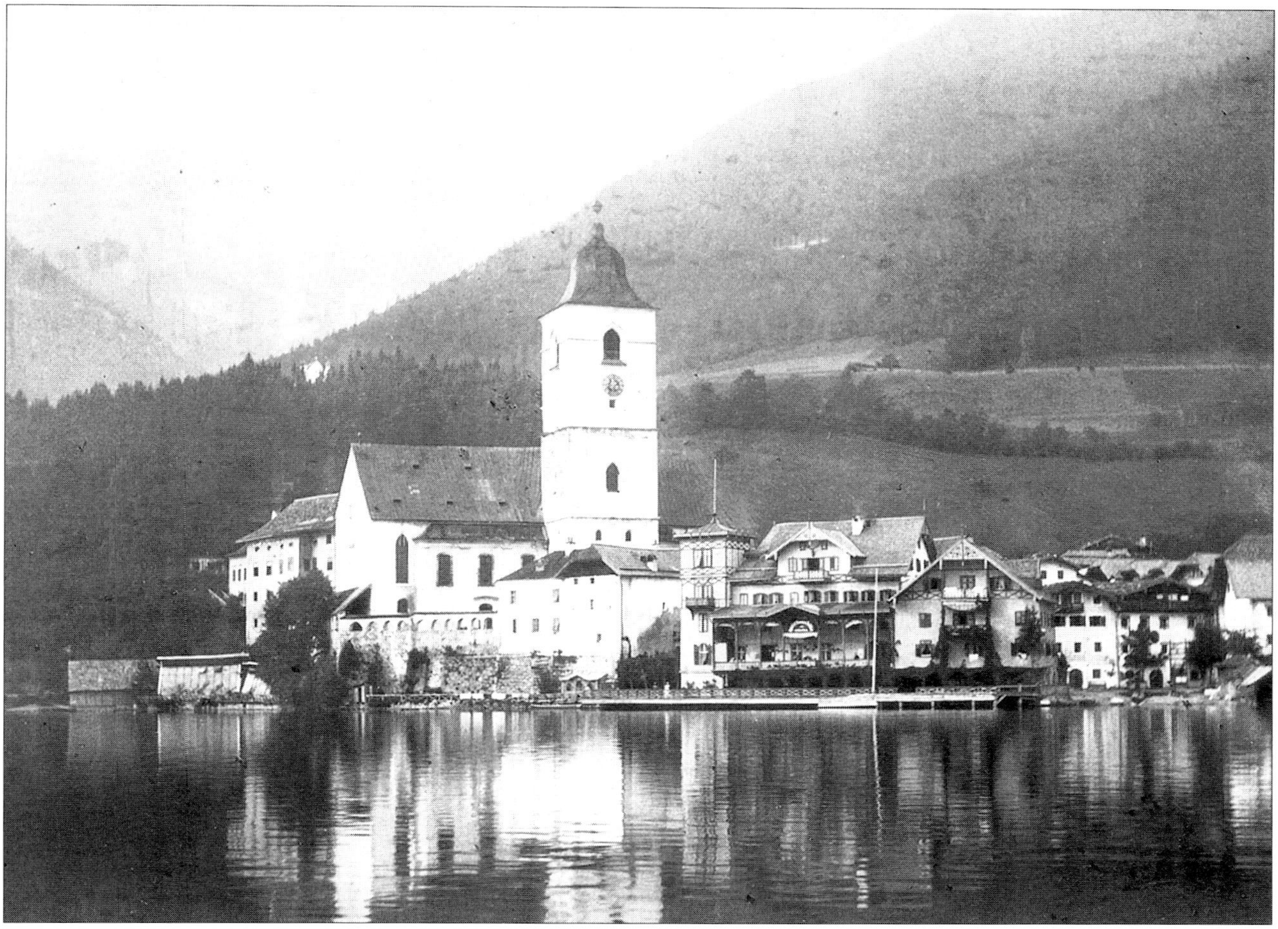

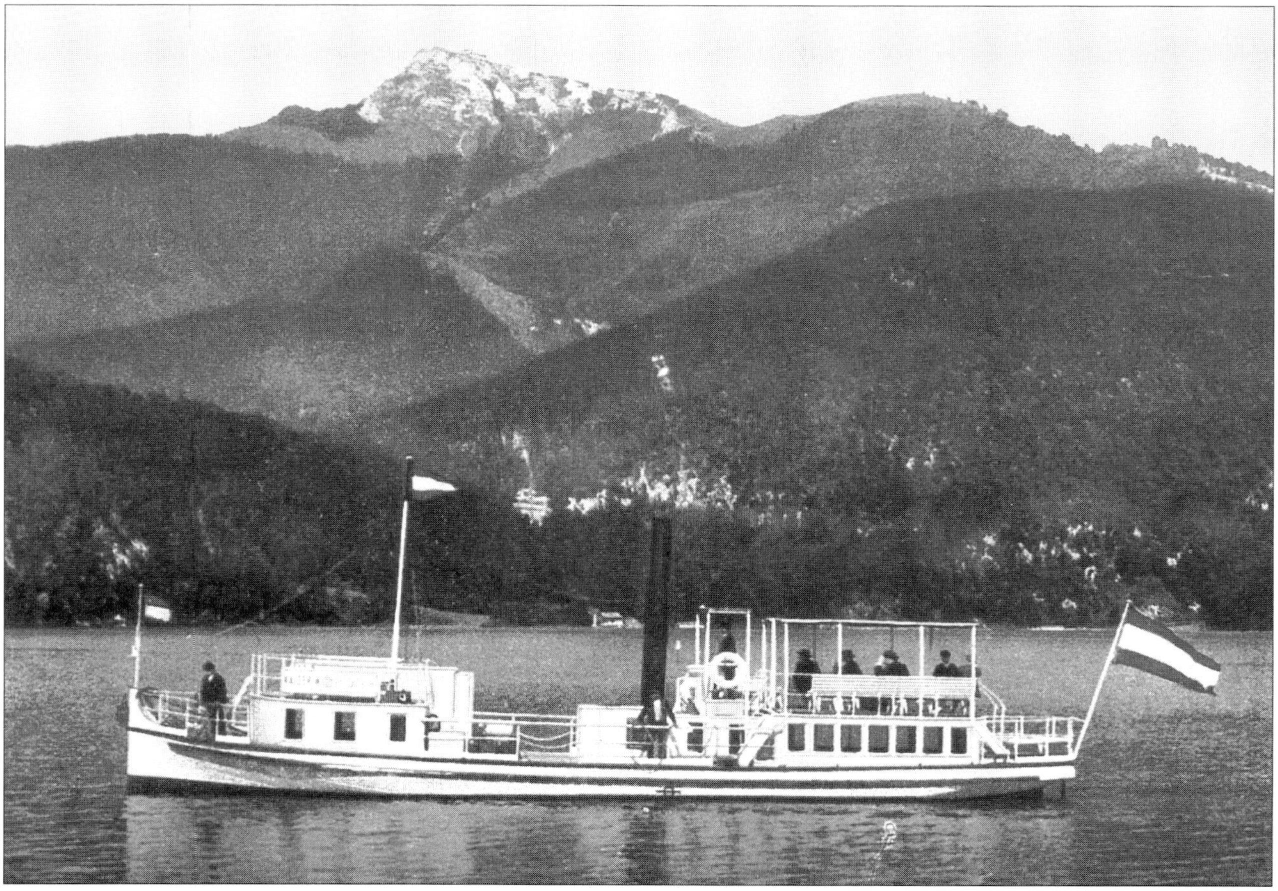

St. Wolfgang, Station Schafbergbahn-Hotel mit Dampfer AUSTRIA (Baujahr 1892)

Die Schafberg-Zahnradbahn, Station Schafberg-Alpe, um 1900

Die Schafberg-Zahnradbahn, wie sie heute noch in Betrieb ist

Gasthof Lueg bei St. Gilgen mit Motorschiff ELISABETH

Die Junkers F 13 ba (Werks-Nr.: 575) auf dem Wolfgangsee. Dieses Schwimmerflugzeug war von 2. bis zum 24. August 1925 auf den Strecken Wien – St. Wolfgang sowie Wien – Linz – St. Wolfgang im Bäderdienst eingesetzt

Die Salzkammergut-Lokalbahn bei Lueg am Wolfgangsee, 1957

Projekt für den Umbau des Passagi... "Austria"

Masstab: 1:50

Länge zwischen P-P	32.00 m
Breite auf Spant	4.48
Seitenhöhe Mittschiffs	2.33
Tiefgang mit ca 2 Tonnen Steinballast	
im achteren Magazin:	Achter 1.55 m, Vorne 0.62 m

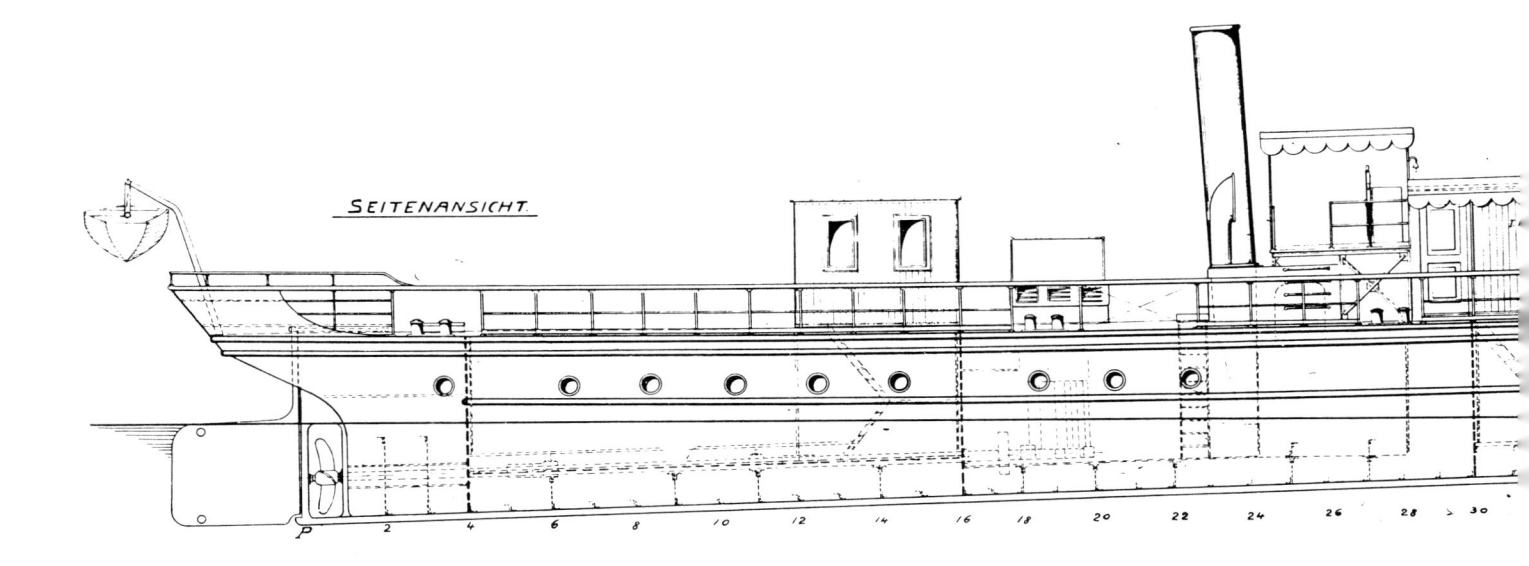

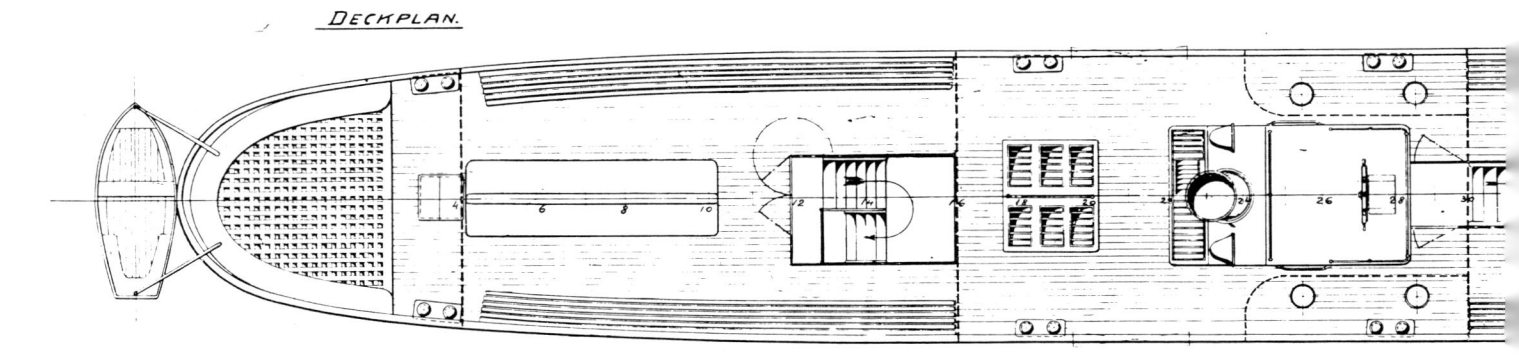

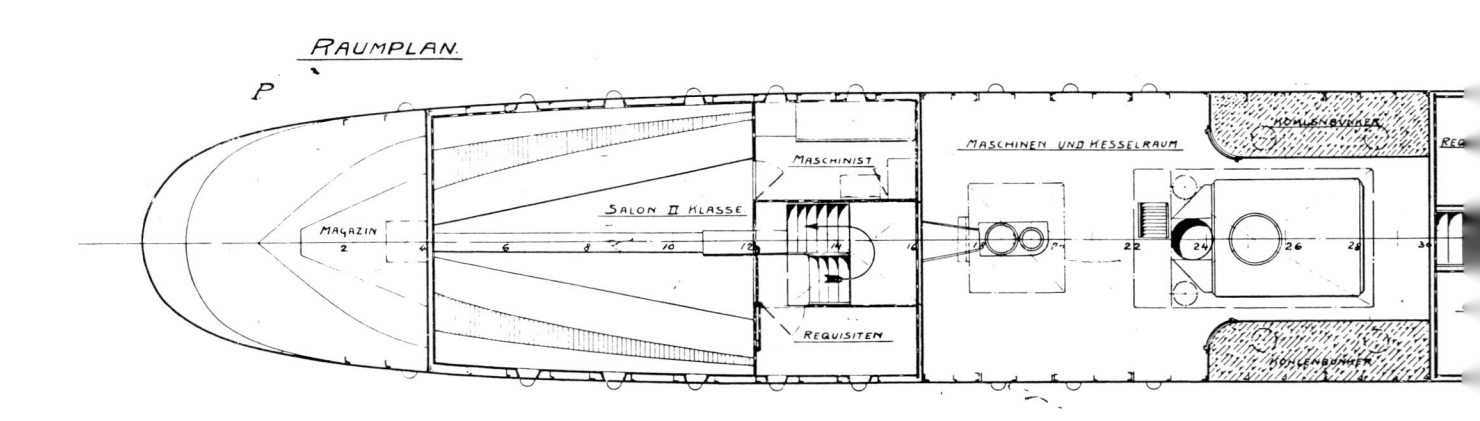

Seitenansicht.

Deckplan.

Raumplan.

Magazin — Salon II Klasse — Maschinist — Requisiten — Maschinen und Kesselraum — Kohlenbunker

DAMPFERS

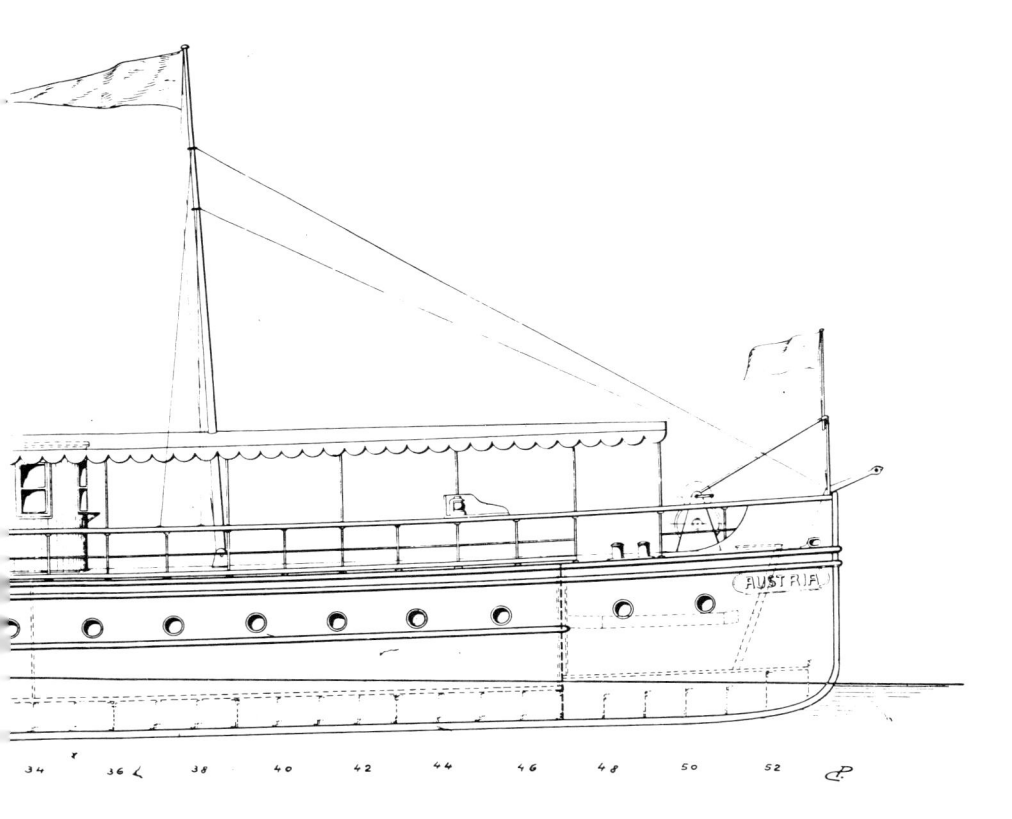

Umbauplan für den
Dampfer AUSTRIA aus
dem Jahre 1916

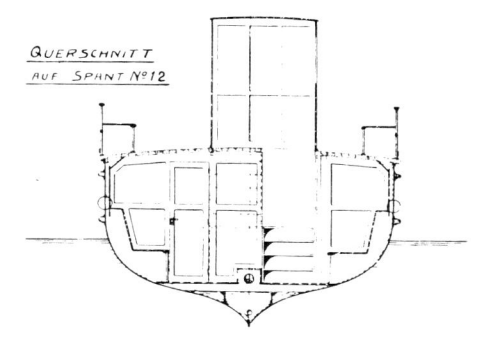

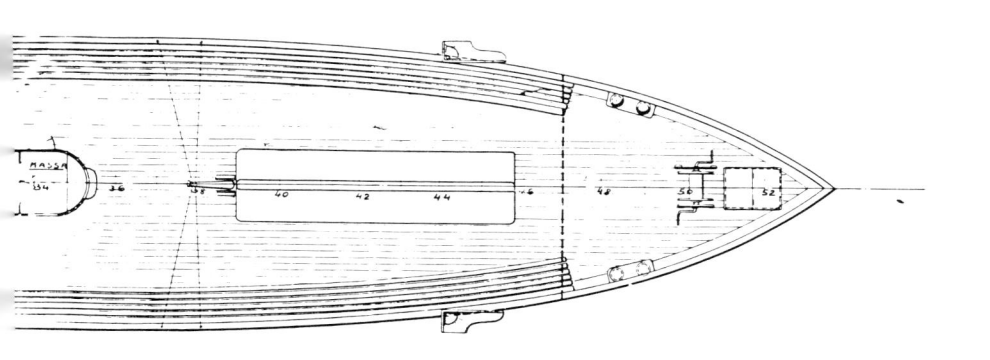

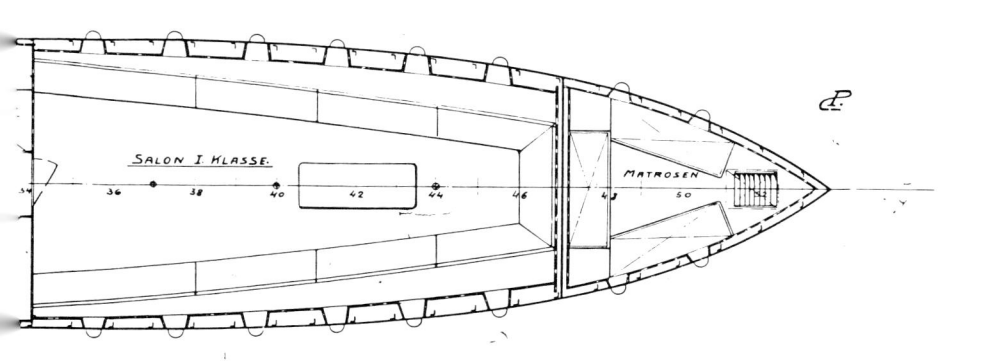

QUERSCHNITT
AUF SPANT N° 12

SALON I KLASSE.   MATROSEN

STABILIMENTO·TECNICO·TRIESTINO SCHIFFSWERFTE LINZ·DONAU			
PROJ. N°	Umbau des Passagierdampfers „AUSTRIA"		
	NAME:	DATUM	MAPPE P
GEZ.	S	2/1 1916	ZEICHN. N° 1752
GEP.			
GES.			MASSSTAB 1:50

Josef Viktor von Scheffel (1826 – 1886)

Der aus Karlsruhe gebürtige Dichter zahlreicher Wander- und Studentenlieder setzte in seinen „Bergpsalmen" dem Wolfgangsee ein Denkmal. Er läßt im „Sonnenschein" den Heiligen Wolfgang dem See zujubeln:

„Auf und hinaus im sonnigen Licht,
Über moosumsponnenes Trümmergefels,
Wo jenseits zahllos verdunkelnder Stämme
Fern wogend durchschimmert der Fluten Grün,
Zum See laßt uns ziehn!"

Im Jahre 1888 wurde dem Dichter ein Scheffelgedenkstein errichtet, der sich in St. Gilgen befindet.

---

fuhrgesellschaft den dort in Dienst stehenden Schraubendampfer PANNONIA. Dieser wurde in Linz überholt und in einem abenteuerlichen Transport – Maschine und Schiffskörper getrennt – teils per Bahn, teils per Pferdewagen (bis zu 36 Pferde Vorspann) zum Wolfgangsee gebracht, wo er anschließend als KAISERIN ELISABETH in Dienst gestellt wurde. Zu diesem Zeitpunkt verkaufte Curant die ihm bis dahin gehörende Mondseeschiffahrt und wurde Alleinbesitzer der Wolfgangsee-Flotte. Er erhoffte sich durch den Bau der Schafbergzahnradbahn eine kräftige Belebung des Fremdenverkehrs. So bestellte er im Jahre 1892 bei der Linzer Werft einen weiteren Schraubendampfer, der als AUSTRIA in der Saison 1893 den Betrieb aufnahm.

Durch die Fertigstellung der Salzkammergut-Lokalbahn am 20. Juni 1893 mit der Errichtung der Haltestelle Gschwendt (gegenüber von St. Wolfgang) wurde die Schiffahrt in einen Längsverkehr Strobl – St. Wolfgang – St. Gilgen und in einen Querverkehr Gschwend – St. Wolfgang geteilt. Diese Teilung ist heute noch aufrecht, obwohl die Schmalspurbahn schon längst eingestellt ist. Nach dem Tode Curants ging die Schiffahrt 1898 in den Besitz der Lokalbahngesellschaft über. Man hat sie zu übereilt eingestellt, die „Ischler Bahn". Wie reizvoll wäre es, würde neben den Wolfgangsee-Schiffen und der Zahnradbahn auch noch die schmalspurige Bahn zwischen Salzburg und Bad Ischl verkehren…

Der Ausbruch des Ersten Weltkrieges brachte auch hier seine Einschränkungen, die Längsschiffahrt mußte eingestellt werden. Erst 1920 konnte, nur mit Unterstützung der Ufergemeinden, die Längsschiffahrt wieder aufgenommen werden. Die schlechte Wirtschaftslage zwang die SKGLB, ausgerechnet ihren schönsten Dampfer, die AUSTRIA, nach Rumänien zu verkaufen.

Das Jahr 1922 brachte einen zusätzlichen Be-

Folgende Doppelseite:
Links: der Dampfer
KAISER FRANZ JOSEF I.
(Bauzeit 1872–73) läuft
die Station „Weisses
Rössel" an
Rechts: Badeschönheiten
im Salzkammergut

Rechts:
Schiffsanlegestelle
St. Wolfgang-Markt, 1991

Unten: Ferienhort am
Abersee, 1912. Antreten
im Festsaal, links zwei
Marineangehörige

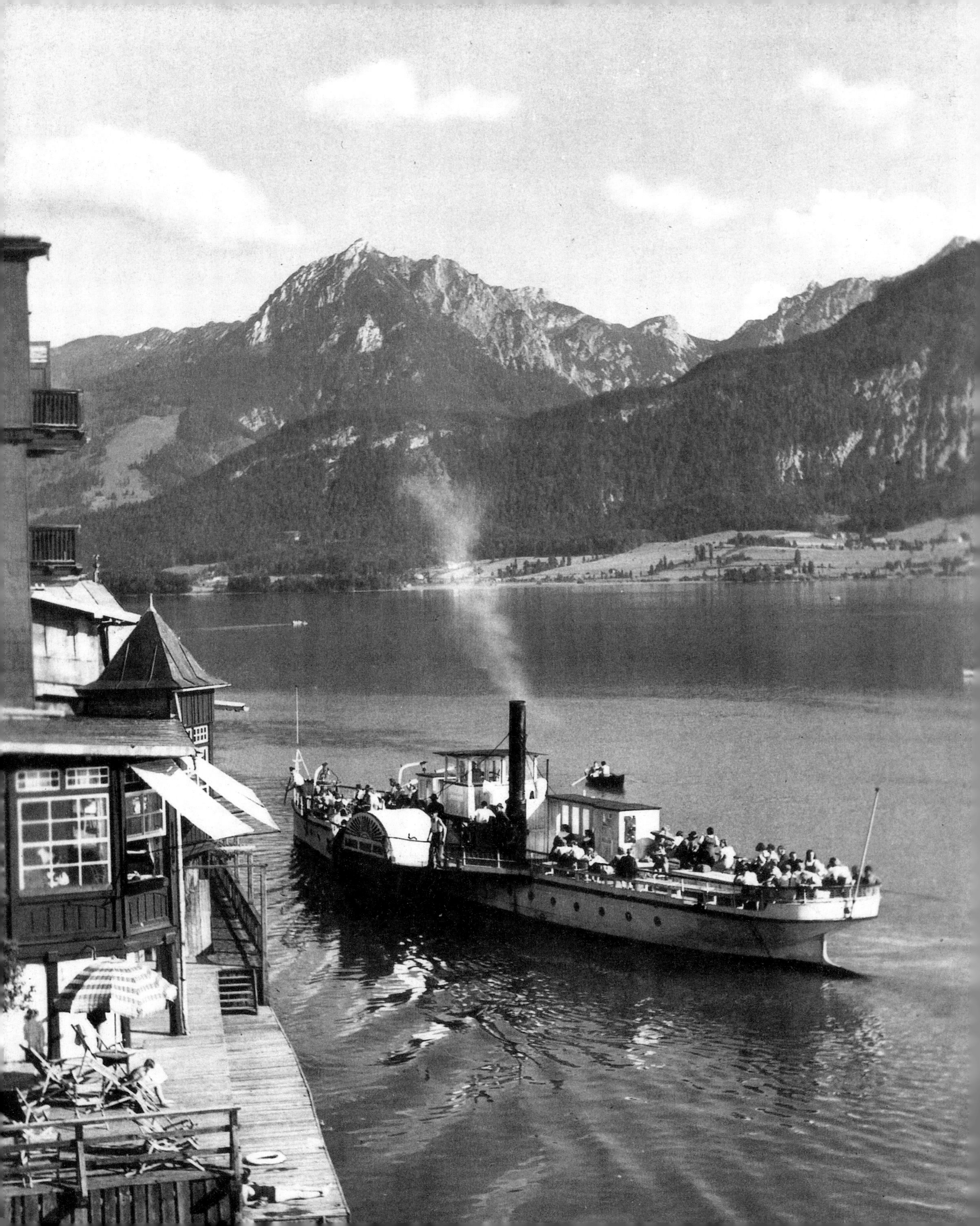

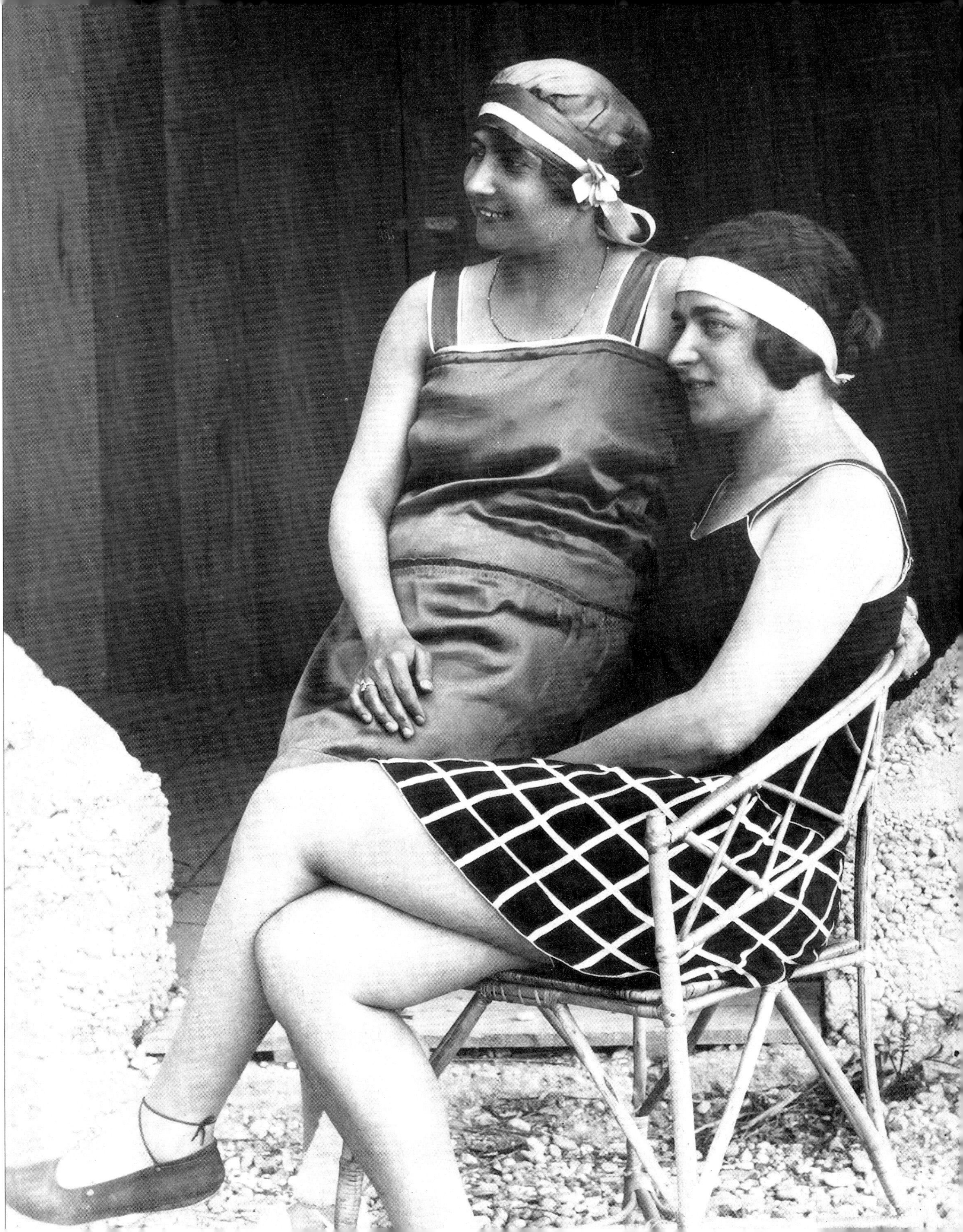

Rechts: „Im Weissen Rössel am Wolfgangsee…"

Rechts unten: Landungsplatz St. Wolfgang, „Weisses Rössel". Der Dampfer ist angekommen

treiber eines Schiffahrtsunternehmens am Wolfgangsee, nämlich das Österreichische Verkehrsbüro. Es erwarb das Grand Hotel in St. Wolfgang sowie eine Schiffahrtskonzession. Schon ein Jahr später nahm es mit den Motorbooten AUSTRIA I und AUSTRIA II den Betrieb auf. Weder der Umbau des Dampfers ELISABETH zu einem Motorschiff noch der Ankauf eines Motorbootes mit dem Namen SEEADLER konnten die finanziellen Schwierigkeiten der Salzkammergut-Lokalbahnen, ausgelöst durch die Weltwirtschaftskrise und das Ausbleiben der deutschen Urlauber wegen der deutschen Boykottmaßnahmen, stoppen. So war die SKGLB im Jahre 1934 gezwungen, die Längsschiffahrt und die Schafbergbahn dem Österreichischen Verkehrsbüro zu verkaufen.

Vier Jahre später, 1938, wurden Zahnradbahn und Längsschiffahrt der Deutschen Reichsbahn einverleibt. Auch hier gab es nur einen kurzen Aufschwung, denn 1940 wurden Bahn und Schiffahrt wegen des Krieges eingestellt. Das Kriegsende brachte 1945 wieder neue Besitzverhältnisse, Zahnradbahn und Längsschiffahrt fielen den Österreichischen Bundesbahnen zu, die 1946 den Betrieb wieder aufnahmen.

Das Ende für die SKGLB als Schiffseigentümer kam im Herbst 1957 mit der Auflassung des Bahnverkehrs; die beiden Schiffe ELISABETH und KAISER FRANZ JOSEF wurden von den Österreichischen Bundesbahnen übernommen, die bis heute den Linienschiffsverkehr aufrechterhalten. Die Wolfgangseeschiffahrt ist mit einer halben Million Fahrgäste pro Jahr der wichtigste Schiffahrtsbetrieb im Salzkammergut; der Betrieb wird von Mai bis Oktober geführt. Neben der von den ÖBB geführten Linienschiffahrt betreiben noch die Firmen Walter Höplinger in St. Wolfgang sowie die Firma Johann Ratz in St. Gilgen Seerundfahrten.

Mit einer seemännischen Besonderheit kann der Wolfgangsee auch noch aufwarten: mit dem „Ferienhort für Mittelschüler". Im Jahre 1887 als „Ferienhort für bedürftige Gymnasium-Schüler Wiens" gegründet, zunächst 1890 in Steeg am Hallstätter See etabliert, übersiedelte er 1911 an den Wolfgangsee. Um mit Wassersport auch Nachwuchswerbung für die Marine betreiben zu können, kam man einst auf die Idee, die k.u.k. Kriegsmarine um die Überlassung von Beibooten zu bitten. Mit der Entschließung vom 15. Juli 1890 schenkte das Hafenadmiralat in Pola dem Verein „in Rücksicht auf den humanitären Zweck" zunächst zwei Boote, denen im Lauf der Zeit weitere folgten, unter ihnen sogar eine Gondel!

Während des Zweiten Weltkrieges wurde im Mittelschülerhort die deutsche Seeberufsvorschule hier untergebracht, erst 1949 konnte der Hortbetrieb wieder aufgenommen werden. Heute stehen den Buben dreizehn Boote – davon noch vier von altösterreichischen Hochseeschiffen – zur Verfügung. Bootsexerzieren nach der Marinedienstvorschrift lockt stets eine Menge Neugierige an, die die letzten Reste von Österreichs Seegeltung mit gebührendem Respekt bewundern. Die vier historischen Kutter wurden übrigens vor einiger Zeit unter erheblichen Kosten liebevoll restauriert.

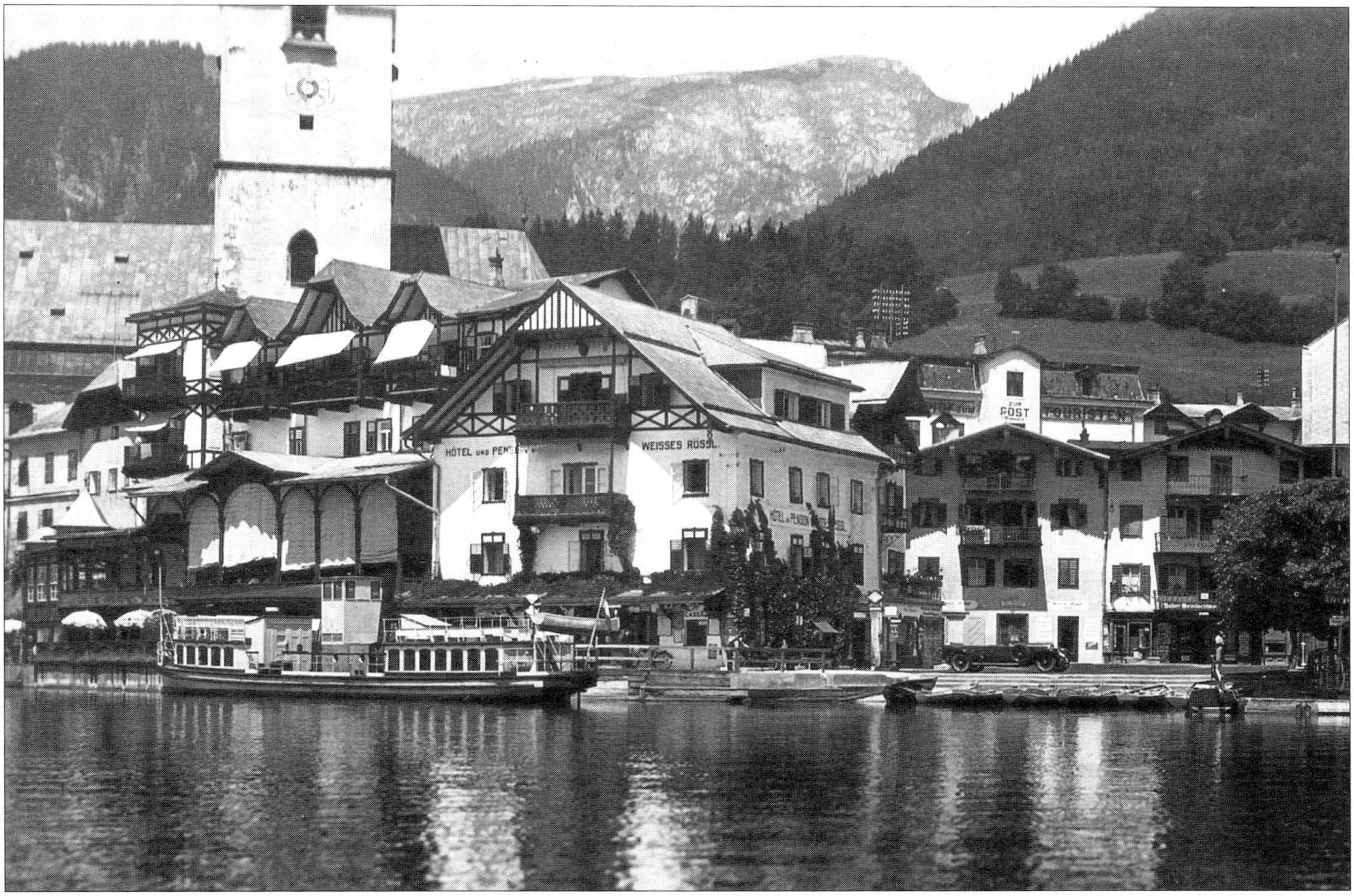
WEISSES RÖSSL
POST
TOURISTEN

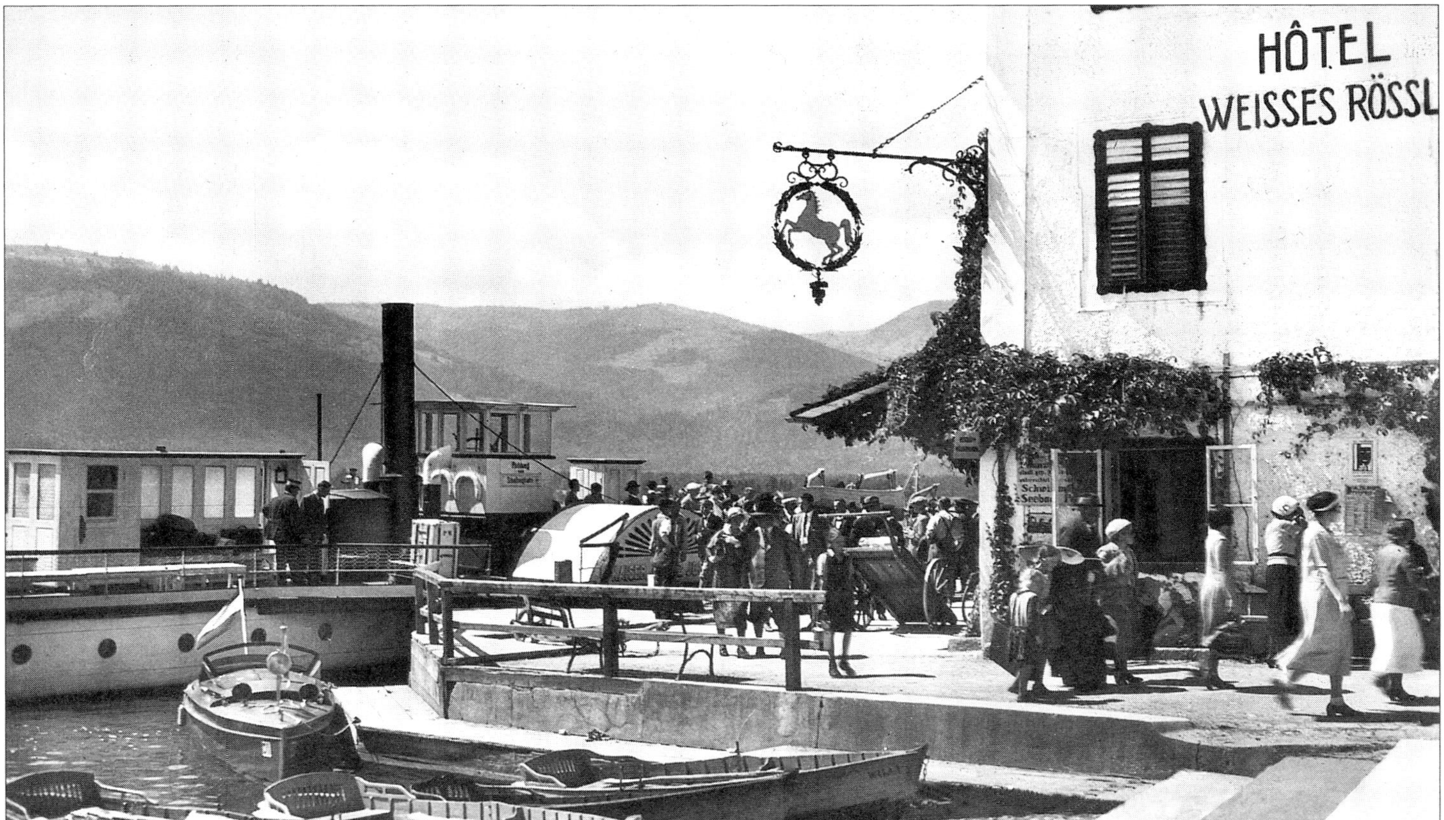
HÔTEL
WEISSES RÖSSL

Ganz oben: Motorschiff SALZKAMMERGUT
(86 t, Baujahr 1972), 1991
Oben: Die heutige Flotte der ÖBB-Schiffahrt am Wolfgangsee
Unten: Motorschiff ST. WOLFGANG (Baujahr 1950)

DER MONDSEE
Von schwarzen Indern und gepfiffenen Krügeln

Seepaß: Oberösterreich, 481 m Seehöhe, 14,21 km^2 Wasserfläche, 2,2 km breit und 68 m größte Tiefe.

Seinen Namen verdankt der Mondsee seiner eigenwilligen, der Mondsichel ähnlichen Form. Die Hauptzuflüsse sind die Zeller Ache aus dem Zellersee und die Fuschlerache, aus dem Fuschlsee kommend, sowie vom Nordosten die Wangauer Ache. Sein Abfluß in den Attersee heißt See Ache. Dem Umstand, daß diese beiden ersten Zuflüsse zwei Seen als „Vorwärmer" haben, ist es zu danken, daß die Wassertemperatur des Mondsees bis zu 24° ansteigt und so der Mondsee der wärmste See des Salzkammergutes ist.

Auch auf diesem See sind die Winde oft extrem drehend und böig. Richtig gefährlich ist der Ostwind, der sogenannte „Bergwind", der auch von den Einheimischen als Katastrophenwind bezeichnet wird. Verhältnismäßig spät, nämlich erst 1908, wurde der erste Segelklub der Union Yacht Club-Zweigverein Mondsee gegründet, der sich noch heute zusammen mit dem Segelclub Schwarzindien am Mondsee befindet.

Der Reiseführer für die Salzkammergut-Seen von 1910 berichtet:

„Der Dampfschiffkurs beginnt in MONDSEE, ansehnlicher, reichlicher Markt (1600 Einwohner), Pfarrei, k.k. Bezirksgericht, Steueramt, Forstverwaltung, Notar, 2 Ärzte, 2 Schulen. – Beliebte Sommerfrische, angenehmer Aufenthalt. Sommergäste und Durchreisende gegen 3000. 2 Hotels, mehrere Gasthöfe, 23 Villen, eingerichtete Sommerwohnungen. Elektrische Beleuchtung, Telephon (interurban), sehr angenehme Seebäder, Wasserheilanstalt mit warmen und medizinischen Bädern, Molke.

Mondsee verlassend umfährt das Dampfboot eine schilfreiche Landzunge und legt in PLOMBERG an. Bahnhaltestelle unmittelbar ober Dampfschiffsteg (Umsteigstation Richtung Salzburg und Ischl), Restauration, Fremdenzimmer, romantische Villa nächst der Drachenwand. Nach der Abfahrt von Plomberg fällt die tiefgrüne Färbung des Sees auf. PICHL-AUHOF, reizende, geschützt gelegene Ansiedlung, Hotel, mehrere Villen in hübscher Anlage, Seebäder, empfehlenswerter Sommeraufenthalt. Weiter über den See nach SCHARFLING; Gasthof, Seebäder.

Vorhergehende Seite:
Anlegestelle See, 1885.
Dampfer MONDSEE
(70,6 t, Baujahr 1873)

Rechts: Mondsee,
Landungsstelle Plomberg
vor der Drachenwand

Bahnhaltestelle Scharfling, 15 Minuten vom Dampfschiff-Landeplatz. Nächste Dampfschiffstation WALDHOTEL-KREUZSTEIN (Gedenkkreuz auf kleinem Felsen im See). Daneben in prachtvoller Lage das neuerrichtete Waldhotel; beliebte Jausenstation. Alpenrosen schon am Ufer. Die Fahrt endet an der Südostspitze des Sees in der Station SEE, 2 Gasthäuser, Villen, Seebäder, zwischen Bad- und Forsthaus 2–4 m tief am Seegrund Pfähle, Reste der Pfahlbauten (3000 Jahre). – Die Attraktion – Von „See" mit der in der Saison 1907 neu eröffneten elektrischen Bahn in sehr eleganten Waggons (10 Min.) nach Unterach am Attersee."

Als Mitte des 19. Jahrhunderts am Mondsee die Entwicklung des Fremdenverkehrs einsetzte – im Sommer 1868 wurden in Mondsee bereits 200 Sommergäste gezählt – begann auch die verkehrsmäßige Erschließung des Gebietes zu Wasser und auf der Straße. Am 28. Juli 1891 erfolgte die Eröffnung der Teilstrecke Salzburg–Mondsee der Salzkammergut Lokalbahn. Dadurch wurde es erst möglich, mit mehrmaligem Umsteigen zwar, – Bahn, Schiff und Pferdeomnibus – von Salzburg verhältnismäßig bequem an den Mondsee zu reisen. Zwei Jahre später wurde das Teilstück Mondsee–St. Gilgen in Betrieb genommen, und der 20. Juni 1893 brachte den durchgehenden Verkehr auf der Salzkammergutlokalbahn (SKGLB). Die Eröffnung der elektrischen Straßenbahn von Unterach am Attersee nach See am Mondsee (18. August 1907) verbesserte noch die Verkehrsverbindungen in diesem Raum und wirkte sich weiter günstig auf den Fremdenverkehr aus. Zahlreiche Prominente schlugen auch hier, wie an den übrigen Seen des Salzkammergutes, ihr Domizil auf, so die berühmte Kammersängerin Lilli Lehmann in Scharfling.

Auch der Mondsee bietet eine reiche Palette von Spaziergängen und Wandermöglichkeiten. Der Besucher des Mondsees wird mit einiger Verwunderung bei der Ortstafel „Schwarzindien" stehen bleiben. Wie entstand dieser exotische Ortsname? Die Einheimischen erzählen: Im heißen, sonnigen Sommer des Jahres 1880 wurden die Kinder am See so sehr braun, daß man sie Schwarzindianer nannte – und das gab dem Ort seinen Namen…

Mit der Einstellung der Straßenbahn Unterach–See am 18. September 1949 sowie des Personenverkehrs (30. September 1957) und des Güterverkehrs (10. Oktober 1957) auf der Salzkammergutlokalbahn ging das „Eisenbahnzeitalter" im Mondseerland rasch zu Ende.

Auch die Einführung der Dampfschiffahrt am Mondsee brachte und hatte ihre Probleme. Anfang 1872 gründete der aus Schlesien gebürtige Ingenieur Berthold Curant die „Oberösterreichisch-Salzburgische Eisenbahn und Dampfschiffahrts-Gesellschaft" mit der Auflage, den Bau einer Lokalbahn im Salzkammergut und einer Zahnradbahn auf den Schafberg sowie den Betrieb von Schiffahrtslinien auf dem Wolfgang-, Mond- und Attersee durchzuführen. Ein weit gestecktes Ziel, das auch kaum finanzierbar war. Dennoch entstand zunächst die „Erste Mondseer Dampfschiffahrts-Unternehmung", die mit dem am Attersee angekauften kleinen Schraubendampfer IDA am 31. März 1872 den Betrieb aufnahm. Dieses Unternehmen diente ausschließlich dem Fremdenverkehr im Sommer, der Betrieb wurde während des Winters eingestellt. Um größeren Anforderungen gerecht zu werden, bestellte Curant im Jahre 1872 bei der Linzer Werft Ignaz Mayer einen Raddampfer, der als MONDSEE ein Jahr später in Dienst gestellt wurde.

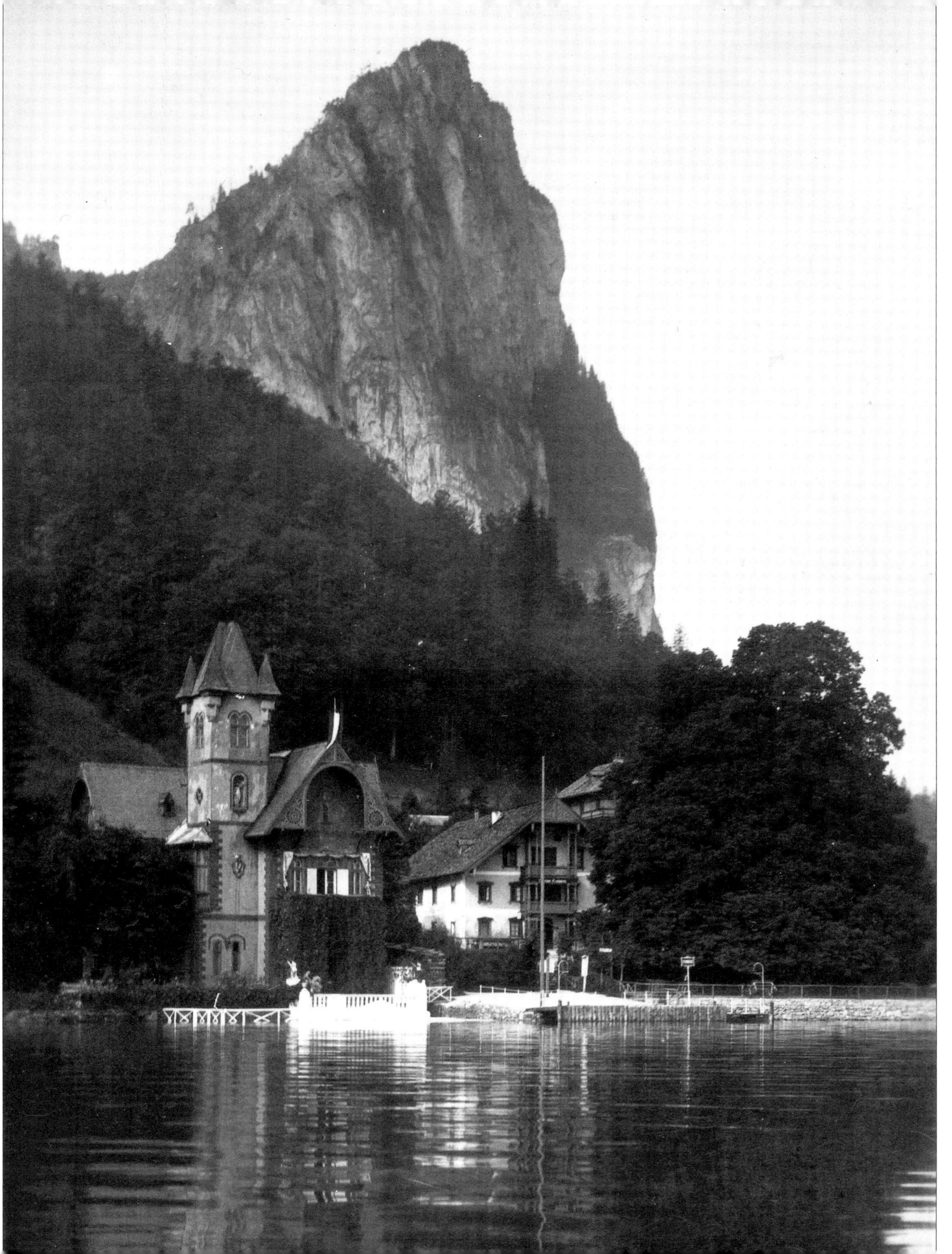

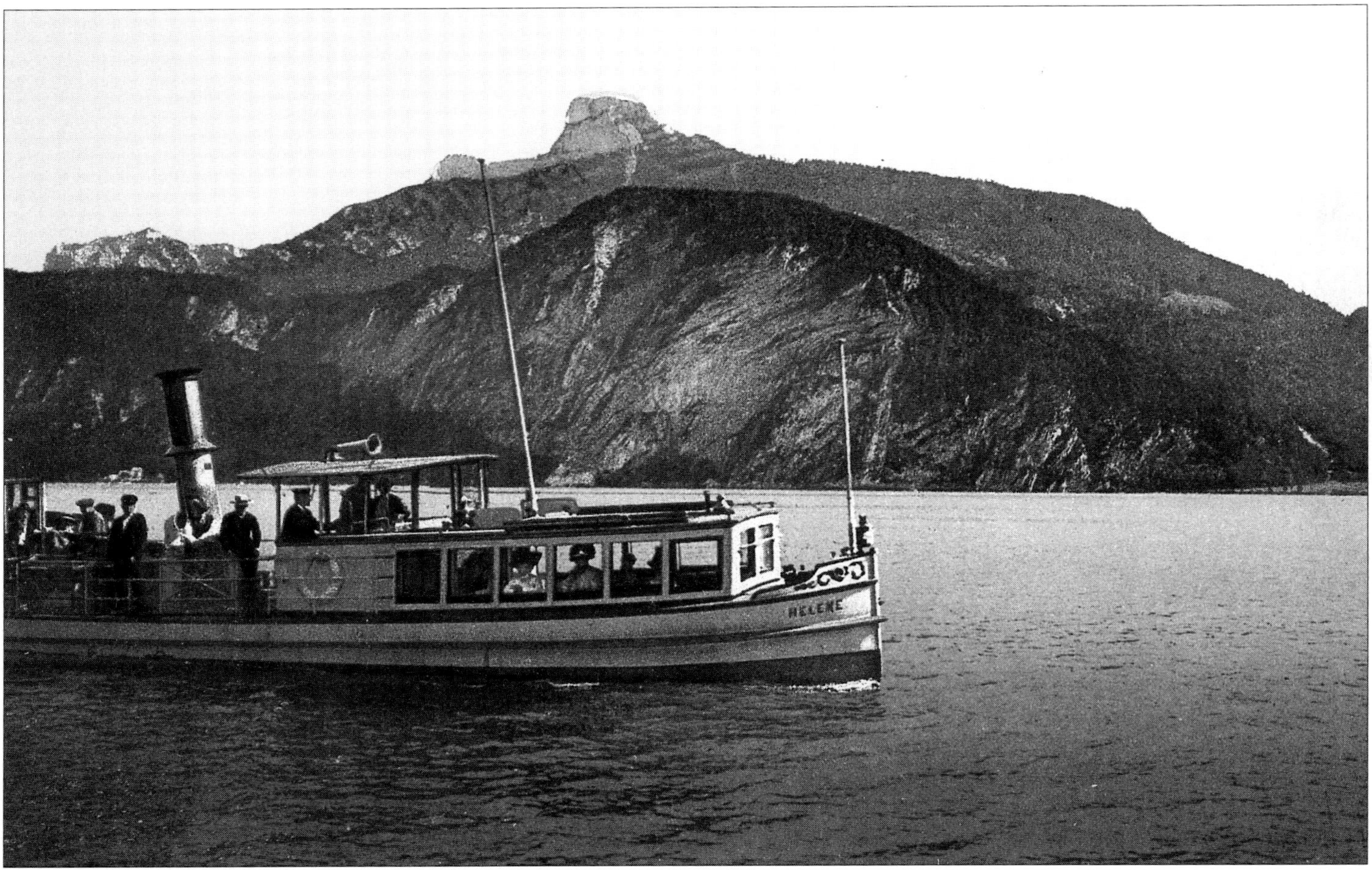
HELENE

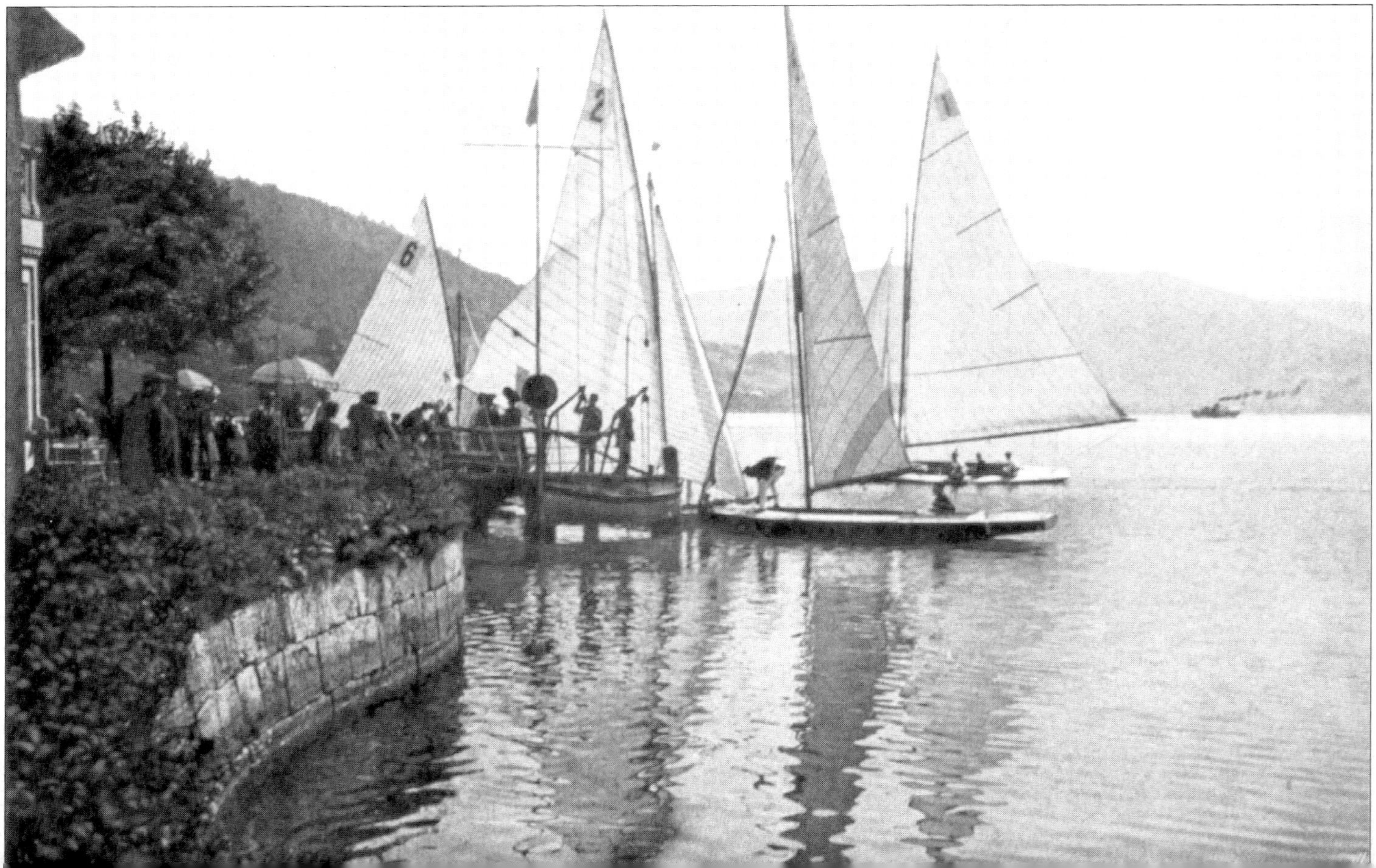

Links oben: Schraubendampfer HELENE (20 t, Baujahr 1887) auf dem Mondsee

Links: Mondsee, vor der Regatta

Oben: Raddampfer HABSBURG, ex MONDSEE, in der Station See der einstigen elektrischen Lokalbahn See-Unterach

Unten: Franz-Josef-Kai in Mondsee, 1910. Dampfschiff-Stationsgebäude mit Seerestaurant

Der bekannte Hoffotograf Ludwig Angerer erwarb ein kleines privates Dampfboot, das in den achtziger Jahren des vorigen Jahrhunderts den Mondsee befuhr. Aber auch der Mondseer Fabrikant Robert Baum kaufte ein Seegrundstück und bewarb sich im Jahre 1887 um eine Schiffahrtskonzession, die er März des selben Jahres erhielt, um den in Dresden-Neustadt bestellten Schraubendampfer als HELENE in Dienst zu stellen. Einen Sommer hindurch existierten am Mondsee also getrennte Schiffahrtsunternehmen. Im Jänner 1888 legte Curant seine Konzession für die Mondseeschiffahrt zurück und verkaufte den Dampfer MONDSEE an die Firma Baum, die diesen komplett umbauen und im August 1888 als STEPHANIE wieder in Dienst stellen ließ.

Am 12. Juli 1893 besuchte Kaiser Franz Joseph Mondsee. Der Anlaß dieses denkwürdigen Ereignisses war die Aufnahme des durchgehenden Verkehrs auf der Salzkammergutlokalbahn, und Station Plomberg wurde zur Umsteigstelle zwischen Bahn und Schiff. Fürst Wrede, der Besitzer der Herrschaft Mondsee, empfing den Kaiser. Der Monarch setzte seine Reise an Bord des festlich geschmückten Dampfers STEPHANIE nach Plomberg fort, wo er in die SKGLB umstieg und nach Ischl zurückfuhr, wo er ja seine Urlaube verbrachte.

Neben der Funktion als Umsteigestelle bot Plomberg noch eine weitere Kuriosität, über die Bruno Reiffenstein in seinen „Erinnerungen an die Mondseer Jugendzeit" berichtet:

„Wenn der Dampfer, vom Mondsee kommend, die tief in die Seite ragende Landzunge erreicht hatte und in die Bucht vom Plomberg einbog, ertönte der übliche Annäherungspfiff, dem sich mehrere, ganz kurze Einzelpfiffe anschlossen. Den ortsfremden Schiffspassagieren mag diese Art akustischer Signalgebung etwas unklar erschienen sein, den Einheimischen war sie längst bekannt und sie wußten sie auch zu deuten: So viele Kurzpfiffe, mit soviel vollgefüllten Bierkrügeln hatte sich die Kellnerin am Landungssteg einzufinden."

Im Frühjahr 1900 wurde der Dampfer STEPHANIE neuerlich umgebaut und umgetauft. Seine Wiederindienststellung erfolgte als HABSBURG am 1. Juli. Höhen und Tiefen – 1906 mußte erstmalig die Mondseeschiffahrt subventioniert werden – kennzeichneten die Zeit bis zum Ersten Weltkrieg. Zwischen 1915 und 1918 verkehrte nur der Dampfer HELENE, aber Kohlemangel und die schlechte Wirtschaftslage hielten diese Einsparungen

Oben links: Idylle am Mondsee

Oben: Herbst in Mondsee. Franz-Josef-Kai, 1910

auch im Frieden aufrecht (Dampfer HABSBURG blieb bis zur Saison 1924 außer Dienst).

Die Vergabe einer Motorbootkonzession im Jahre 1923 als Grundlage für die Existenz einer „Mondsee-Motorschiffahrtsgesellschaft" (gegründet 1924) war kaum von Vorteil. Die Weltwirtschaftskrise und das Sinken der Zahl der Fahrgäste von 15000 Personen im Jahre 1931 auf weniger als die Hälfte im Jahre 1934 brachte die endgültige Außerdienststellung des Dampfers HABSBURG, der dann am 7. Februar 1935 in einem Schneesturm sank.

Er wurde gehoben, an Land gezogen und erst 1953 verschrottet.

Der Zweite Weltkrieg brachte eine weitere Einschränkung der Schiffahrt und ab 1944 verkehrte der Dampfer HELENE, mangels anderer Verkehrsmittel, auch während der Wintermonate – gegen Kriegsende, wegen der Tieffliegerangriffe, nur mehr sehr früh und nach Einbruch der Dunkelheit.

Das Motorschiffzeitalter begann am Mondsee im Jahre 1950 mit dem Ausbau des Motorbootes EISENAU durch die Werft Rupert Steinbichler und dem Umbau des Dampfers HELENE zu einem Motorschiff.

Leider ist heute die Linienschiffahrt am Mondsee eingestellt. Drei Unternehmer, Dr. Peter Baum mit dem Motorschiff HELENE, Leopold Hemetsberger mit dem Motorschiff GÖTZ VON BERLICHINGEN und Paul Zauner mit dem Motorschiff MONDSEE führen die Rundfahrten und Sonderfahrten durch. Es bleibt nur zu hoffen, daß diese für den Fremdenverkehr so wichtige Tätigkeit durch steigende Passagierzahlen honoriert wird.

Constructionsplan eines Passagier-Dampf[ers]

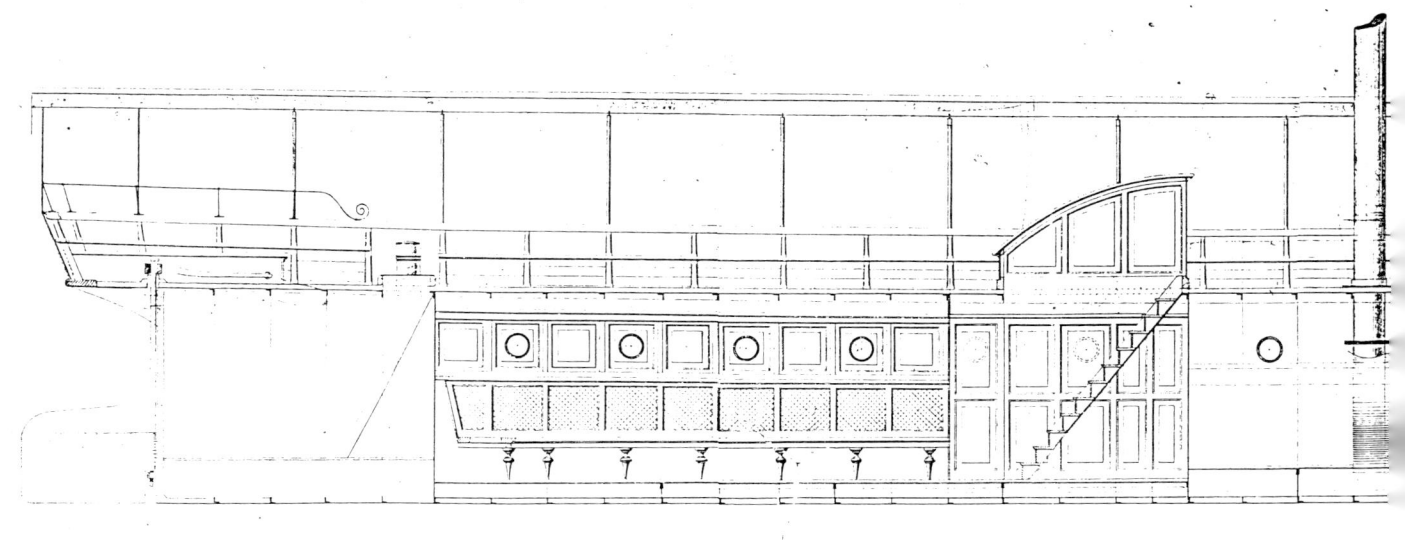

Dimensionen

Links: Scharfling, 1910.
Villa der
Kammersängerin
Lilli Lehmann

Unten: Konstruktionsplan
des Raddampfers
MONDSEE

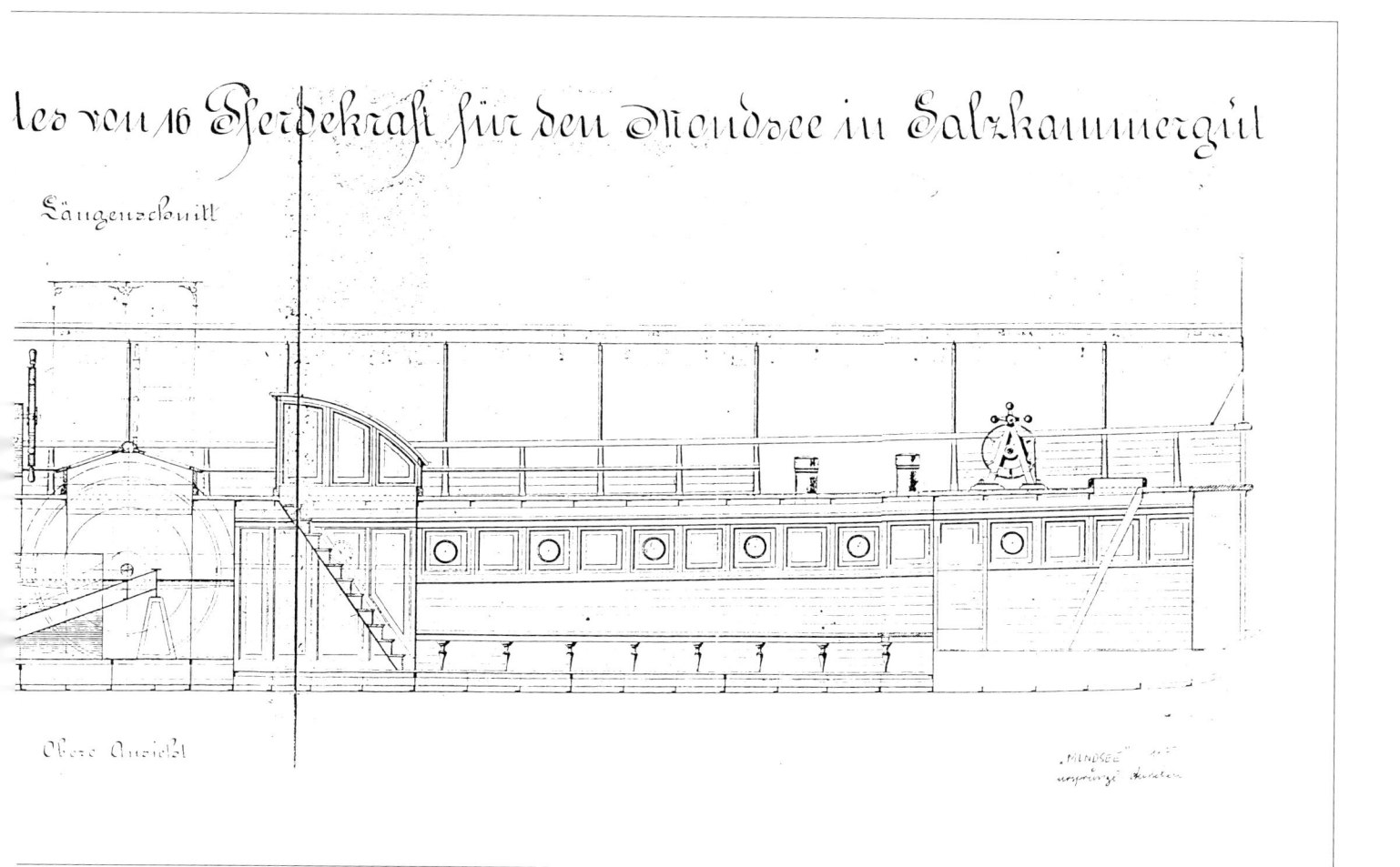

...es von 16 Pferdekraft für den Mondsee in Salzkammergut

Längenschnitt

Obere Ansicht

DER HALLSTÄTTER SEE

„Wenn der Hirschbrunn geht!"

Seepaß: Oberösterreich, 497 m Seehöhe, 8,2 km lang, 2,1 km breit,
8,6 km² Wasserfläche, 125 m größte Tiefe, fünftgrößter Salzkammergutsee.

Er zählt zu den romantischsten Seen Österreichs, und er ist wegen der an seinen Ufern gemachten Funde aus keltischer Zeit auch einer der bekanntesten Seen. Sein Hauptzufluß ist die Traun, die bei Obertraun in den See mündet und ihn bei Steeg wieder verläßt; aber auch viele Karstquellen des Dachsteins speisen den See. So zum Beispiel der „Hirschbrunnen", eine der größeren Karstquellen, die bei schweren Regenfällen und bei Schneeschmelze ihr Wasser in den Hallstätter See ergießt und außerdem der Traun zufließen läßt, um dann am Traunsee Hochwasser zu verursachen. Wenn „der Hirschbrunn geht", wie früher dieser Alarmruf hieß, kann bei einer solchen Wetterlage der Traunsee innerhalb einer Nacht um einen halben Meter ansteigen.

Bis ins neunzehnte Jahrhundert wickelten sich der Personen- sowie der Güterverkehr (Transportgut war in erster Linie Salz) mit Zillen ab. Auch der Seegemeinde Hallstatt selbst diente der See als Zufahrtsweg, da weder nach Obertraun noch nach Steeg eine Straßenverbindung vorhanden war. Besonders dem Salztransport kam am Hallstätter See eine große Bedeutung zu; seit der Jungsteinzeit wurde in Hallstatt Salzbergbau betrieben. Erst 1964 schloß die Saline Hallstatt, und die im Bergwerk im Laugeverfahren gewonnene Salz„sole" wird seitdem durch eine Soleleitung zur Weiterverarbeitung in die neue Großsaline Ebensee geführt. Die Talstation der Salzbergseilbahn liegt unweit der Schiffsanlegestelle, mit einer Standseilbahn gelangt man zur ältesten Salzgrube der Welt. Aber auch die Bergwelt des Dachsteinmassives mit ihren Eishöhlen ist der Anziehungspunkt vieler Tausender Bergwanderer – Anlaß zur Sorge um die Umwelt, vor allem um die Qualität des Trinkwassers.

Der Salzkammergutführer von 1910 berichtet:

„In der Eisenbahnstation Hallstatt den Zug verlassend, Überfuhrdampfboot nach Hallstatt und Längsfahrt (Obertraun-Hallstatt-Gosaumühle) haben wir das westliche Ufer gegenüber, von welchem HALLSTATT, ältester Markt des Salzkammergutes, herübergrüßt.

Oben: Dampfer KRONPRINZ RUDOLF
(31,75 t, Baujahr 1885)

Unten: Markt Hallstatt,
1895

Rechts: Die Seebären von Hallstatt. Undatierte Aufnahme des Hoffotografen H. Kindler

Deutlich unterscheiden wir die vielen Häuser an der steilen Berglehne, terrassenförmig aufgebaut. Oberhalb des Marktes der Monumentalbau der katholischen Pfarrkirche. Weiter links unter dieser die stilgerechte evangelische Kirche, zwischen beiden liegt am Landungsplatz der Dampfschiffe das Hotel Kainz, vormals Seeauer, mit Hotelgartenanlage, linkerhand der evangelischen Kirche Gasthof „Grüner Baum", weiters mehrere Gasthäuser und Privatwohnungen, beliebte Sommerfrische. Sitz einer k.k. Salinen- und k.k. Forstverwaltung, besitzt eine k.k. Fachschule für Holzindustrie, Salinen und Gemeindearzt."

Mit der Erteilung einer Konzession für die Dampfschiffahrt an den Hotelier Karl Seeauer im März 1862 begann auch am Hallstätter See das Dampfzeitalter. Schon am 7. September konnte dann der Raddampfer HALLSTATT, nach Überwindung verschiedenster Schwierigkeiten, seinen Dienst aufnehmen. Der hölzerne Schiffskörper wurde in einer Hallstätter Werkstätte angefertigt, aber die Dampfmaschine mußte zerlegt über die Traun zum See gebracht werden. Eines der Hauptprobleme im Zentrum des Salzkammergutes war die schlechte Verkehrslage, Kohle war deshalb ebenso selten wie teuer, der Dampfer mußte also mit Holz geheizt werden. 1871 ließ Seeauer die HALLSTATT neu bauen, da sich Maschine und Schiffskörper in schlechtem Zustand befanden. Auch der neue Schiffskörper entstand in Hallstatt, die Maschine dagegen kam aus der Werkstätte der Kaiserin-Elisabeth-Westbahn in Linz. Am 10. Juli 1871 erfolgte die Indienststellung der neuen „HALLSTATT".
Am 8. August 1877 machte „hoher Besuch" – so sagte man damals respektvoll – einen Ausflug zum Hallstätter See; der deutsche Kaiser Wilhelm I., der zu Besuch bei seinem Kaiserkollegen in Bad Ischl war, unternahm an Bord des festlich geschmückten Dampfers HALLSTATT eine Seerundfahrt.
Ab 1. Juni 1881 verbesserte sich der lokale Verkehr wesentlich: An diesem Tage erhielt Hallstatt am gegenüberliegenden Seeufer eine eigene Bahnhaltestelle, was zur sofortigen Einstellung der Personen-, Salz- und Gütertransporte nach Steeg per Wagen oder Schiff führte – der Dampfer pendelte nun zwischen der Bahnhaltestelle und Hallstatt.
1882 wurde der kleine Schraubendampfer VALERIE und 1885 der Schraubendampfer KRONPRINZ RUDOLF anstelle des Dampfers HALLSTATT in Betrieb genommen. Mit dem Tode des Unternehmers Seeauer (1899) ging die Schiffahrt in den Besitz der Familie Kainz über, die sie bis zum Jahre 1960 betreiben sollte. Um den Anforderungen des gesteigerten Verkehrs gerecht zu werden, stellte die k.k. Salinenverwaltung bei Bedarf – sofern das Schiff keine Zillen schleppte – für den Personenverkehr den Schraubendampfer LUISE zur Verfügung, und außerdem kaufte die Firma Kainz den Dampfer STEFANIE, der, bisher am Zellersee verkehrend, im November 1910 in Dienst gestellt wurde.
Anders als auf vielen anderen österreichischen Seen brachte der Erste Weltkrieg keine Einstellung der Schiffahrt auf der Strecke zwischen der Bahnstation und dem Markt Hallstatt. 1930 begann auch auf dem Hallstätter See das „Motorboot-Zeitalter", durch den Einsatz des Motorbootes HALLSTATT III. Sieben Jahre später stellte Karl Hemetsberger nach dem Erhalt einer Konzession das Motorboot OBERTRAUN-DACHSTEIN-HÖHLEN in den Schiffahrtsdienst.
Nach dem Zweiten Weltkrieg, den die Schiffahrt auf dem Hallstätter See ohne Verluste überstanden hatte, wurden die beiden noch

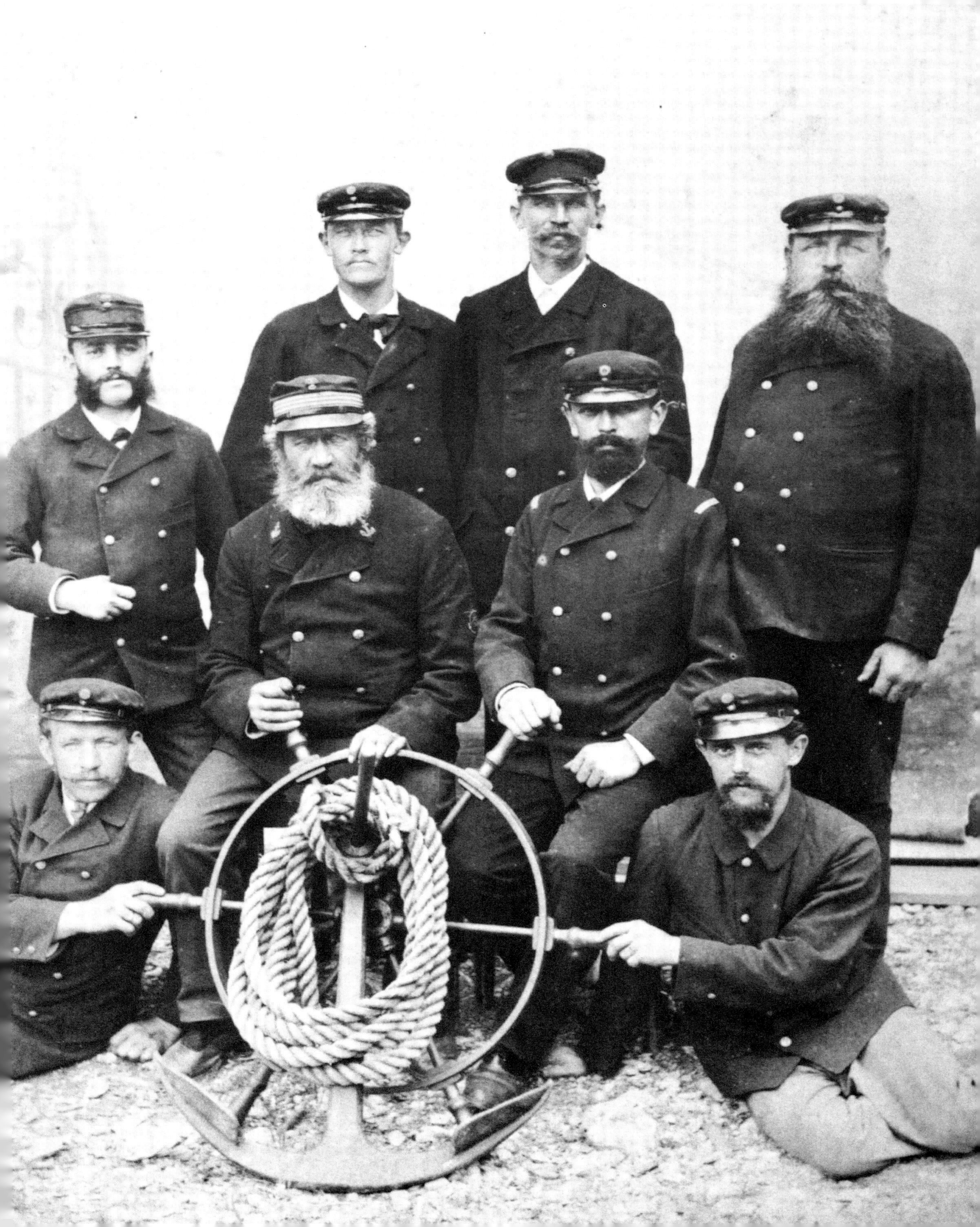

Oben: Dampfer RUDOLF,
ex KRONPRINZ RUDOLF,
vor der Bahnstation liegend, 1935

Unten: Die Plätte, das typische Transportmittel des Salzkammergutes

Oben: Steg am Hallstättersee.
Der Ferienhort bei den Bootsmanövern

vorhandenen Dampfer STEFANIE und RUDOLF auf Dieselmotor-Betrieb umgebaut. Am 1. Mai 1961 erfolgte ein Besitzerwechsel bei der Schiffahrt, der Gmundner Unternehmer Karl Eder führte sie bis zum Jahre 1967. Am 14. November übernahm die Firma K.u.K. Hemetsberger die Schiffahrt auf dem Hallstätter See und betreibt sie bis heute. Die Linie Hallstatt – Markt ist die einzige Schiffsverbindung auf einem österreichischen See, die auch während der Wintermonate aufrecht erhalten wird. Die Hallstättersee-Flotte besteht heute aus dem „Flaggenschiff" MS HALLSTATT IV, dem MS STEFANIE (für den ganzjährigen Einsatz) sowie dem MS DACHSTEIN als Rundfahrtenschiff. Für den Hallstätter See gilt auch heute noch, trotz der Modernisierung und Weiterentwicklung des Schiffsverkehrs, die Ankündigung aus der Jahrhundertwende: „Für die Schiffahrt wirkt die Eisenbahn alimentierend und nicht konkurrenzierend. Ein einmaliges Erlebnis, das Sie nie vergessen werden".

An einen Haushalt   Postgebühr bar bezahlt

Schiffahrt auf dem Hallstätter See

K. u. K. Hemetsberger
4830 Hallstatt, Telefon 06134/228

Besuchen Sie Hallstatt mit Bahn und Schiff

Rundfahrten mit den Fahrgastschiffen "Hallstatt"
(Fassungsraum max. 200 Pers.) Getränke an Bord

und "Dachstein"
(Fassungsraum max. 80 Personen)

Erleben Sie dabei den weltbekannten Anblick Hallstatts vom See. Ein einmaliges Erlebnis, das Sie nie vergessen werden.

FAHRPLAN 1991

Hallstatt Markt – Bahnhof
Hallstatt – Obertraun
Hallstatt – Steeg
Rundfahrten

SONDERFAHRTEN NACH ANMELDUNG
an den Kassen an den Landungsplätzen oder
Telefon 06134/228

Dampfer RUDOLF, aus der Bahnstation abfahrend

Motorschiff STEFANIE II
(26 t, Baujahr 1979)

Links und rechte Seite:
Motorschiff
HALLSTATT IV
(48,9 t, Baujahr 1972)

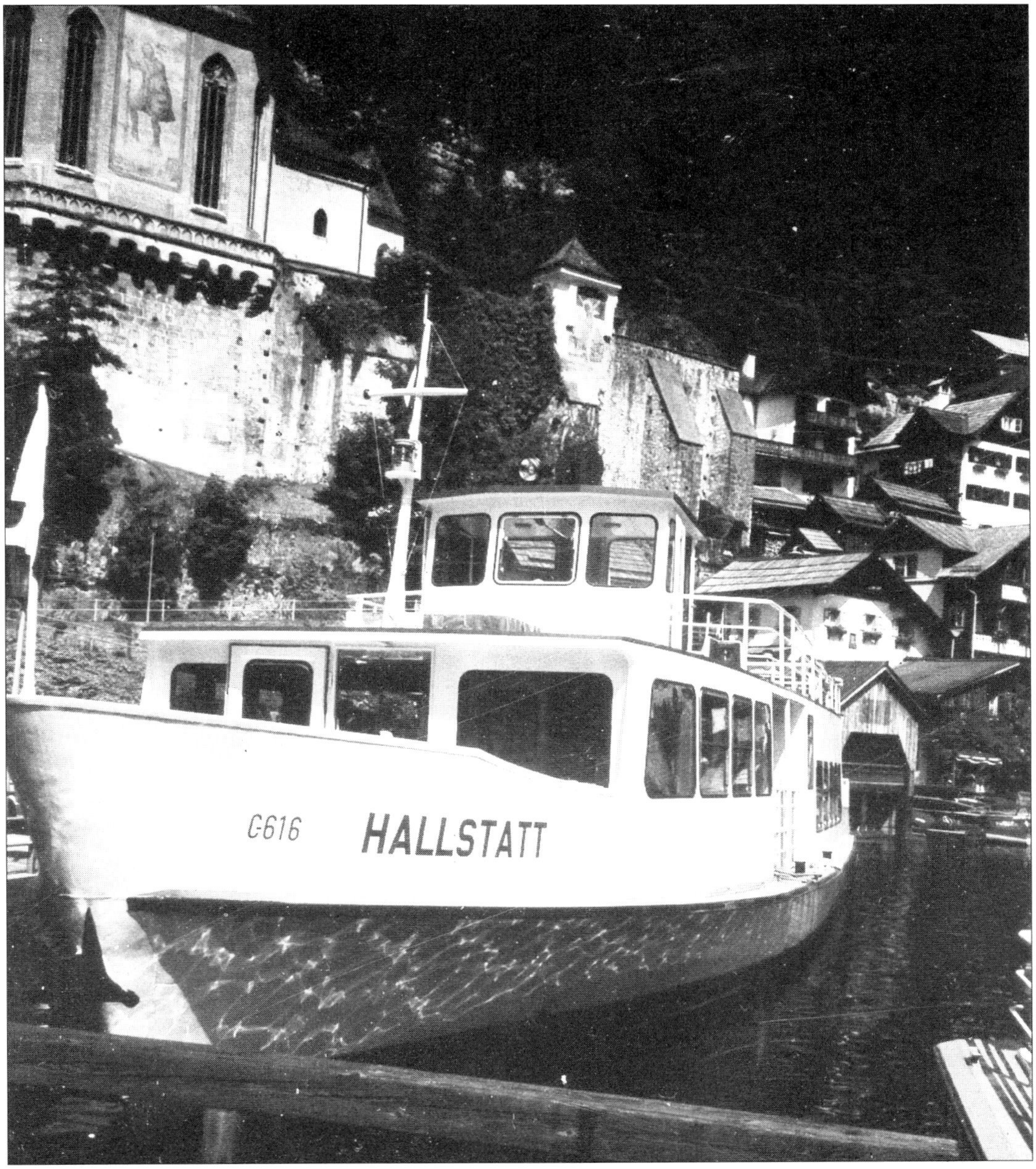
C-616
HALLSTATT

DER GRUNDLSEE
Weltliteratur zwischen Anglerlatein und Schatzsuche

Seepaß: 709 m Seehöhe, 4,14 km² Wasserfläche,
5,8 km lang, 1 km breit und größte Tiefe 63,8 m.

Der Grundlsee liegt im Bundesland Steiermark, der größte jener drei Seen, die gleich Perlen am Oberlauf der Grundlseer Traun aufgefädelt sind; der nächste ist der Toplitzsee, der dritte (und kleinste) der Kammersee. Die drei Seen liegen in einem hufeisenförmigen Einschnitt des Toten Gebirges. Während im Sommer am Grundlsee dem Bade- und Angelsport gehuldigt wird, friert der Grundlsee im Winter fast jedes Jahr zu und bietet so den Eisläufern eine prächtige Eisfläche, vor allem dann, wenn der See das weitum berühmte „Spiegeleis" bietet.

Der Reiseführer aus dem Jahre 1910 berichtet:

„Die Bahnstation ist Aussee, von hier schattiger Promenadeweg und gute Fahrstraße. Omnibus Bahnhof – Grundlsee 1/2 Stunden. GRUNDLSEE, Post-, Telegraphen-, Telephonstation (täglich 4 Postverbindungen), sehr beliebte Sommerfrische. Gute Unterkunft in Gasthöfen und dem Badehaus, Villen, große und kleine Privatwohnungen, Solebäder. Der Dampfschiffkurs beginnt bei der Seeklause, von hier zur Dampfschiffstation GASTHOF SCHRAML, äußerst schöne Lage, sehr empfehlenswert und auch sehr beliebt. Das Dampfboot fährt in südöstlicher Richtung über den See, im Norden die Felsenmauern des Backen- und Reichensteines, im Süden den dichtbewaldeten Ressen zurücklassend, und landet am östlichen Seende in GÖSSL, freundliches Dörfchen mit alter Kirche, gutes Gasthaus, beliebte Jausenstation. Von hier lohnender, nicht zu versäumender Ausflug zum Toplitz- und Kammersee. – Fahrkarten hiefür am Grundlsee-Dampfboot und Gasthof Schraml!"

Die einzige Erwerbsquelle der Grundlseer und Gössler war damals das Holz: Die Schlägerung und der Transport zu den Ausseer Salzbetrieben, den Salinen, wo man das Holz als Bau- und Brennstoff brauchte. Viehzucht und Fischerei spielten kaum eine Rolle. Gerade die Fische, und da speziell die Saiblinge, machten den Ruhm des Grundlsees als Fischwasser aus. Englische Sportangler er-

Der Kreuzfelsen auf dem Mondsee

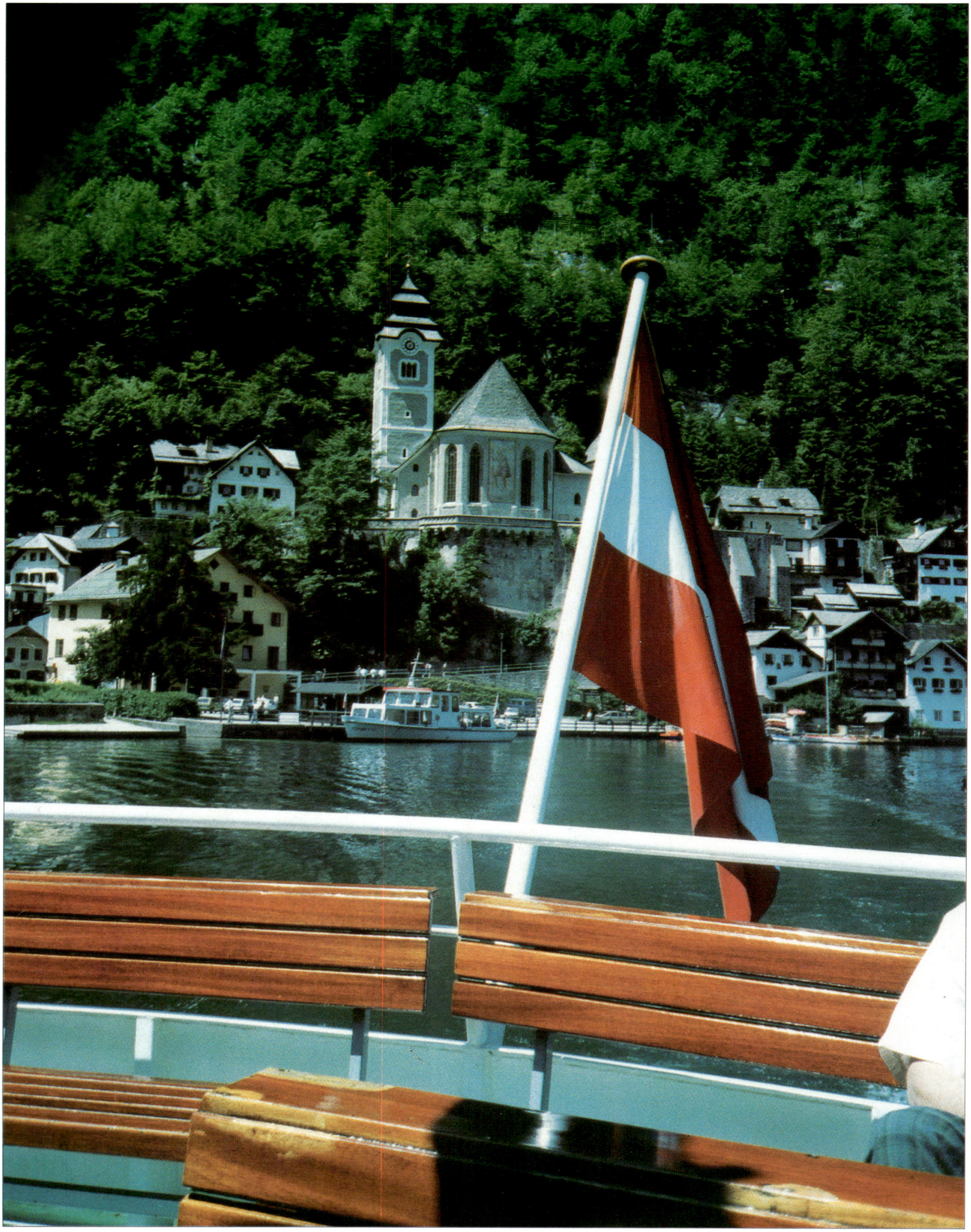

Links: Hallstatt,
Landeplatz

Der Grundlsee mit Blick
auf Gössl im Sommer

Herbststimmung am Grundlsee

kannten schon im 19. Jahrhundert die hohe Qualität der in diesen Seen vorkommenden Fische – sogar ein Lachs mit 27,5 kg soll gefangen worden sein – und waren so Pioniere für den Fremdenverkehr. Den englischen Sportsmen folgte bald der österreichische und der europäische Adel ins Ausseerland, baute dort Sommervillen und Landhäuser. Auch Kunst und Wissenschaft erkannten den Reiz der Landschaft zwischen Loser, Backenstein, Sarstein und Zinken und schickten die ersten Sommerfrischler; das fixe Sommerzimmer oder die Sommerwohnung wurde gesellschaftsfähig, endlos schien bald die Liste der Gäste. Am Grundlsee waren es etwa die Burgschauspieler Ludwig Gabillon, Adolf Sonnenthal, Josef Kain, oder die Tänzerin Fanny Elßler; aber auch der Maler Hans Makart und der Dichter Ferdinand von Saar suchten und fanden hier Entspannung, Erholung sowie Anregungen für ihr Schaffen. Als Zentrum dieser vornehmen Zusammenkünfte galt bald die Grundlseer Villa des Fürsten Ferdinand Kinsky.

Auch am Altausseer See war es der Adel, der den Fremdenverkehr begründete; Josef Christian Freiherr von Zedlitz ließ sich Mitte des vorigen Jahrhunderts am See ein Haus erbauen, das der Mittelpunkt der Literaten und Künstler in Altaussee wurde. Zu den Gästen zählten Franz Grillparzer, Nikolaus Lenau, Joseph von Eichendorff, Adalbert Stifter und Josef Pollhammer. Die Zedlitz-Villa existiert heute leider nicht mehr. Anläßlich eines Jagdausfluges lernte Fürst Chlodwig zu Hohenlohe-Schillingsfürst, der spätere Reichskanzler des Deutschen Reiches, Altaussee im Jahre 1858 kennen. Er war so begeistert und machte diesen Ort zu seiner zweiten Heimat. So waren in der Villa Hohenlohe in Altaussee, die sich noch heute im Familienbesitz befindet, der deutsche Kaiser Wilhelm I., Reichskanzler Otto von Bismarck, Kaiser Franz Josef und andere Mitglieder des europäischen und österreichisch-ungarischen Hochadels immer wieder gern zu Gast.

Hugo von Hofmannsthal verbrachte in Obertressen, zwischen Altaussee und Bad Aussee, viele Sommer, das „Dorf im Gebirge" gilt hier als literarisches Kürzel. Aber auch Fritz von Herzmanovsky-Orlando ernannte bei seinen vielen Sommerurlauben Altaussee taxfrei zum „Reich Bobbystan". Er war es auch, der Friedrich Torberg das Ausseerland schmackhaft machen wollte, aber dieser hatte ja längst zahlreiche Sommer dort verbracht und sich noch in der Emigration voll Heimwehs daran erinnert. Ein Ausschnitt aus der literarischen Gästeliste: Sigmund Freud, Theodor Herzl, Arthur Schnitzler und Jakob Wassermann, der ebenso wie Bruno Brehm auf dem am Seeufer liegenden Altausseer Friedhof begraben ist. Zwei gebürtige Altausseer, nämlich der Schauspieler Klaus Maria Brandauer und die Schriftstellerin Barbara Frischmuth, halten die traditionelle Kunst- und Literatur„zelle" weiterhin kräftig am Leben.

Das Ausseerland ist wahrhaft historischer Boden. Als wäre es Gegenwart, erzählt man heute noch vom Erzherzog Johann, der seine spätere Frau, die Ausseer Postmeisterstochter Anna Plochl, zum ersten Mal am Toplitzsee und dann noch öfters zu einem Stelldichein getroffen hat, und vom „Schatz im Toplitzsee", von dem man bisher freilich nur mehrere Kisten gefälschter Pfundnoten gefunden hat.

Für die Entwicklung der Schiffahrt auf dem Grundlsee sorgte zunächst die Eröffnung der Kronprinz-Rudolf-Bahn im Jahre 1877, wodurch das Ausseerland an die West- und an die Südbahn angeschlossen und für die Sommerfrischler leichter erreichbar wurde. Die Gründung eines Dampfschiffahrts-Unterneh-

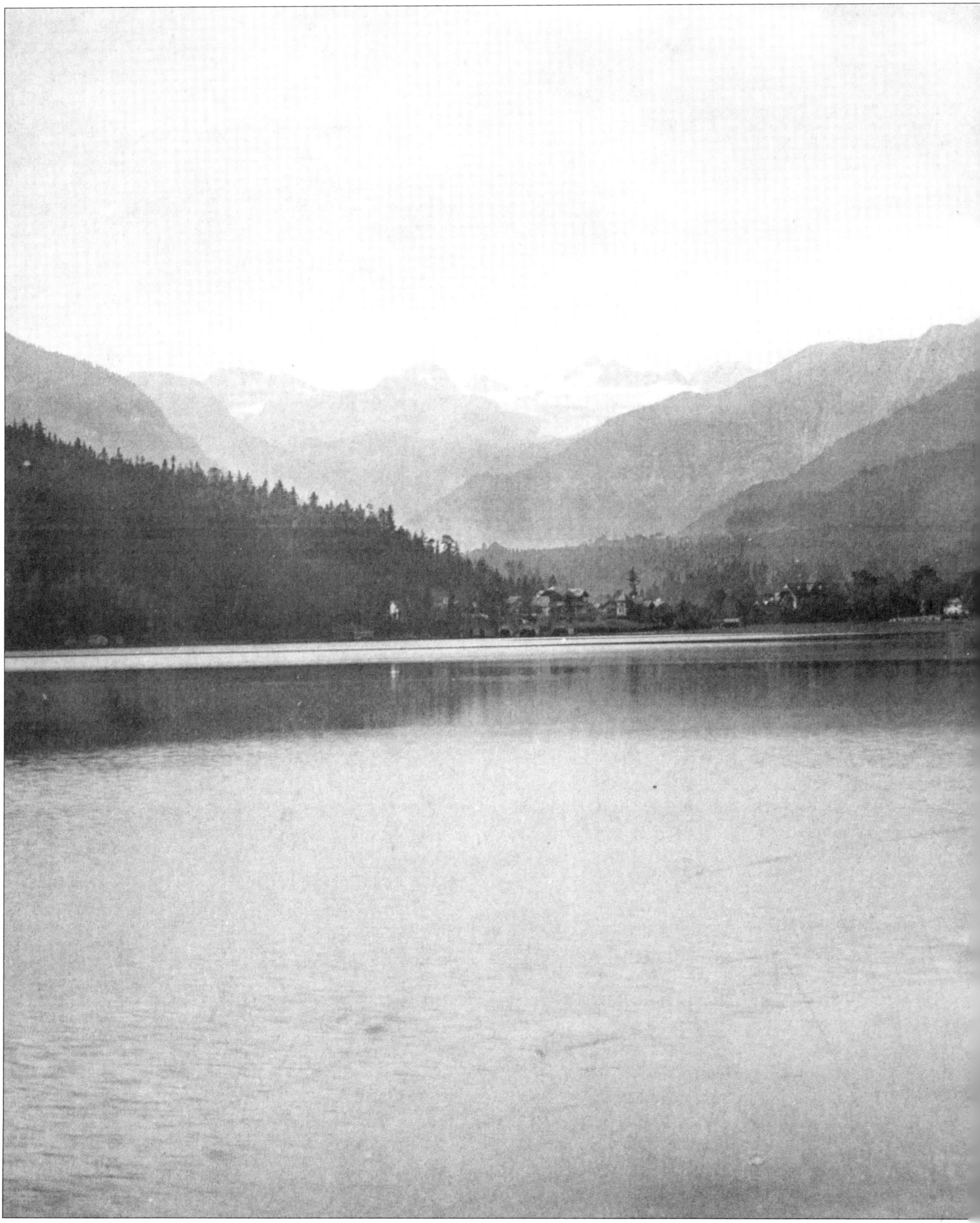

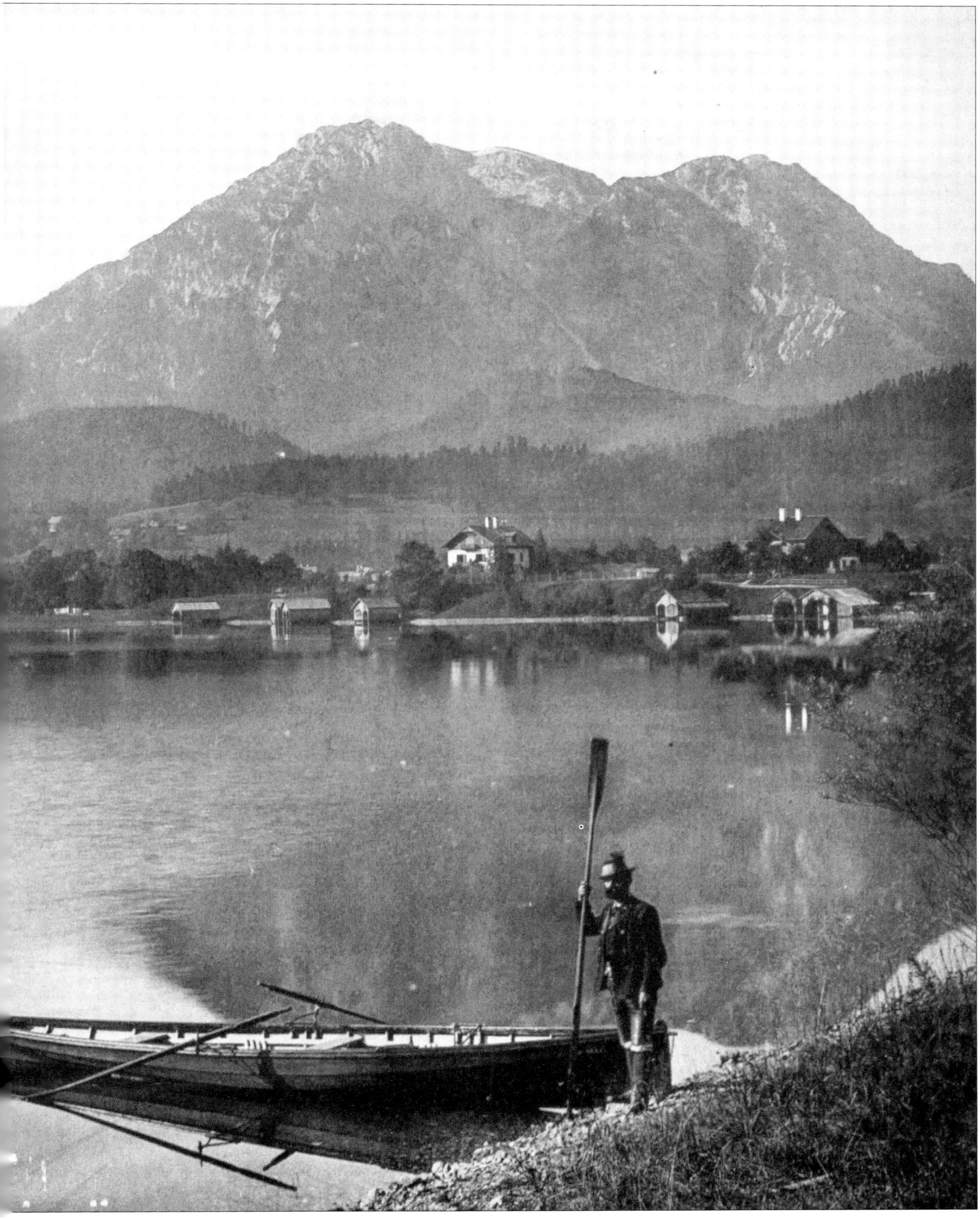

Vorhergehende Doppelseite: Alt-Aussee, Blick auf Dachstein und Sarstein, 1897

Oben: Grundlsee um 1890

mens erfolgte durch den Grundlseer Fremdenverkehrspionier Albin Schraml, den Großvater des heutigen „Post"-Wirtes. Am 14. Juni 1879 nahm das Dampfboot ERZHERZOG JOHANN den Betrieb auf, für „wahrhaftige Lustfahrten", wie es damals hieß. Im Jahre 1896 wurde dann nach 17 Betriebsjahren das Dampfboot ERZHERZOG JOHANN durch das Dampfboot ANNA ersetzt. Im Jahr 1902 übergab Albin Schraml die Schiffahrt an Rudolf Schraml, gleichzeitig wurde ein Schraubendampfer in der Linzer Schiffswerft bestellt. Ursprünglich sollte dieses neue Schiff FÜRST KINSKY heißen, aber auf Ersuchen des Fürsten wurde der Dampfer nach der Fürstin benannt und im Frühjahr 1903 in Dienst gestellt. Während des Ersten Weltkrieges wurde erst 1917 die Schiffahrt am Grundlsee gänzlich eingestellt. Im Frieden, im Jahre 1920, übernahm Ernst Zimmermann die Grundlsee-Schiffahrt, und nach sieben Jahren brach das Motorschiffzeitalter durch die Inbetriebnahme des Motorbootes ERNSTL an; 1931 folgte ein zweites Motorboot, das als GÖSSL – nach dem Dörfchen zwischen Grundl- und Toplitzsee – in Dienst gestellt wurde. Das Ende Österreichs im Jahre 1938 brachte auch hier die üblichen Umbenennungen; so wurde FÜRSTIN KINSKY nach einer lokalen NS-Größe in RUDOLF ERLBACHER umbenannt. Seit 1946 befährt der Dampfer, mehrmals umgebaut, als „Rudolf" den See. (1944/45 war die Schiffahrt am Grundlsee übrigens gänzlich eingestellt.)
Heute dient die Schiffahrt auf dem Grundlsee und dem Toplitzsee noch immer dem Fremdenverkehr, gefahren wird von Mai bis Oktober.

Oben: Dampfboot ERZHERZOG JOHANN;
am 14. Juni 1879 in Dienst gestellt

Unten: Dampfboot KRONPRINZ RUDOLF, das von
1897 bis 1903 auf dem Grundlsee in Dienst stand

Oben: Dampfschiff FÜRSTIN KINSKY (Baujahr 1903)

Links oben: Sommer 1929. FÜRSTIN KINSKY im Flaggenschmuck. Musik und Festgäste begehen die 50-Jahr-Feier der Grundlsee-Dampfschiffahrt

Links: FÜRSTIN KINSKY in den dreißiger Jahren. Ein Erinnerungsfoto entsteht

Wien
Freiung 4.   13. Mai 1903

Geehrter Herr Schraml!

Es ist für mich sehr schmeichelhaft, dass Sie Ihrem neuen Dampfschiffe meinen Namen geben wollen, aber ich möchte Ihnen den Vorschlag machen das Schiff „Fürstin Kinsky" oder - noch passender „Marie Kinsky" zu nennen.

Es grüsst Sie bestens
Ihr
aufrichtiger

F. Kinsky

Landungsplatz in Gössl